AQUARIUS

AQUARIUS

AQUARIUS

AQUARIUS

Vision

一些人物，
一些視野，
一些觀點，
與一個全新的遠景！

狐狸與獅子

跨國金融家給一流人的修練智慧

• 吳均龎 James Wu •

推薦序／

第十四個故事

文◎侯文詠

均龐打電話來邀序時，我正在很緊張的行程中，所以在電話中客氣地告訴他，我喜歡他的作品，但時間的關係，推薦只能寫很短。我原本心中的想像是書腰上具名並且附上一句話推薦，沒想到責編把書稿寄來，說幫我留下了一千五百字的版面寫序。因為截稿時間只剩下兩、三個禮拜，我估計了一下，很高的機會應該喬不出時間，因此，寫了email跟責編溝通，說明只能寫一句話推薦的原意。

我對吳均龐的印象來自讀《銀光盔甲》，之前其實沒有任何交集。後來有個餐會的場合碰見了，我上前自我介紹，並且表達作為一個讀者對《銀光盔甲》的喜愛。接下來，他邀我到他住處用餐。吃飯時，我們談天說地，可能因為都愛讀書、寫書，也愛亂想，一個晚上下來，完全沒有醫學背景與金融背景可能會有的格格不入，有點出乎意料。見面的因緣就是這兩次。接下來是動盪的疫情，然後就是他邀序的電話了。

擺脫寫序的壓力之後，我樂得把均龐的書稿輕鬆地放在背包裡，利用吃便當、會議之間的空檔，坐計程車的路上……零零碎碎的時間讀，結果第一天我就狼吞虎嚥了四個故事，這些跨國金融業內故事寫來通透流暢、唯妙唯肖，可惜我自己也有一個緊張的現實世界要應付，否則真是欲罷不能。

隔天，均龐的簡訊來了。他在簡訊中說明可以體會我的時間狀態，應該沒時間讀他的書稿。沒有拿到序文，他雖失望，但特別表達，他再撰寫這十三個故事，來自於那天晚餐我建議的觀點與鼓勵。因為我的影響，所以他很在乎我的評價。一篇長簡訊寫來殷重、誠懇。我找空檔也回了一篇訊息，表達了我喜歡我目前讀到的這四篇文章，跟他解釋了我的時間現況以及處境。

均龐很快回覆訊息了：

文詠，真是驚訝又激動能收到你的簡訊！知道你正在找時間看我的手稿，我真是非常感激。如果你的時間可以的話，還是很想厚著臉皮求你一篇序文。

要不是手上時間緊迫，我推薦自己喜愛的作品，向來是毫不手軟的。但這次的確有點兩難。所以，我傳了一個語帶保留的回應：

均龐，謝謝你誠摯的邀約，因為截稿時間近了，時間上不曉得做得到做不到，所以不敢貿然答應，但這件事情我會放在心上。

我說服自己，就是盡力而為。如果時間真不允許，也不至於辜負這個誠懇的邀請。發出訊息後，我又在一堆會議裡面了。直到下午，我收到了他的回覆：

文詠，我和亞君（寶瓶出版社社長）溝通過了。我們等你。你的謹慎態度，讓我非常尊敬！你的序文對我非常重要。我們給你充分的時間，我非常虔誠地等待你的序文。

故事的結果，大家都知道了。

跨國金融家給一流人的修練智慧

我之所以寫這段幕後花絮，主要是想跟大家分享，這個過程和我在書中十三個故事裡體會到的氛圍，是很接近的。《狐狸與獅子》的故事，幾乎都有看似無解的難題、晦澀不清的局面，無法完全掌握的資源、權力關係。儘管如此，故事中的「我」，總是用一種從容、委婉的態度，思考自己、也思考別人的處境，從而創造更高的格局，積極面對，耐心承擔。人生局面瞬息萬變，隨著時間流轉，因緣際會，原本不存在的解決方法也漸漸浮現。

書中故事虛構的「我」，和真實世界我所體會到的「均龐」，幾乎是一致的。所謂「世事洞明皆學問，人情練達即文章」，故事的生動或許來自才華，但是故事背後的洞明與練達，卻非得來自現實磨練與累積不可。在這個秩序、遊戲規則不斷在改變的時代，面對無端的變動、壓力，除了抱怨、發洩、謾罵之外，作者所提供的另一種修練的思維（或許典範），是我覺得最值得玩味再三的部分。

瑪格麗特·艾特伍（Margaret Atwood）曾引用聖經《約伯記》的話，形容作家的使命是：

只有我一個人脫逃，來給你報信。

能夠在外商金融機構取得成就，把這些故事唯妙唯肖地寫下來，這份禮物，對像我這樣的讀者，真是際遇難得。謝謝均龐繼《銀光盔甲》之後，再寫了這十三個精彩的故事。我要拍手叫好，如果可以，還想再讀到更多。

自序／ChatGPT之外，真人互動的珍貴價值

我的金鐘罩與鐵布衫，是一件白襯衫！

視訊會議開始的五分鐘前，架上這件白襯衫，把鏡頭微調到以第三個釦子為底線，鍵盤下則是輕鬆自在的短褲和夾腳拖，我就可以運籌帷幄，決勝千里。這幾年，我全心擁抱遠距工作及視訊會議的模式，徹底排除奔波於實體辦公室和會議場的舟車勞頓。仰望高聳的辦公室大樓，我不禁為昂貴的商辦不動產捏把冷汗。

同一幢大樓電梯，常碰到鄰居的嬰兒推車裡一個粉嫩娃娃，睜著晶亮水鑽般的大眼

睛仰頭和我對望。我擠眉弄眼，一番逗弄，換來的是一雙無邪的瞪視。猛然想起一篇報導，過去幾年間，牙牙學語的孩童因為口罩的隔閡，面對成人臉部表情的反應，及本身口語表達的能力，都有顯著的衰退。

激盪在視訊科技的魔幻力量，遊走於虛擬實境的體驗之中，我也警覺到除了口罩剝奪孩童學習與人互動的機會，一味仰賴視訊的便捷，職場上的人不也被無型的電子口罩和創意無窮的虛擬面具，疏離了與真人互動的挑戰？

日新月異的視訊科技，引領職場上的人走向一個虛擬遠距，彈指之間可以在螢幕上切換的疏離人際關係。於是人與人之間近身接觸的信心、面對面的溝通技巧、眼神交換、情緒管理的能力，如牙牙學語的幼童一樣，遭逢相同的困境。

然而細緻的眉宇牽動、嘴角的上揚下滑、鼻翼的滲汗、額頭和脖子的青筋跳動，這些細微的觀察終究是職場人際互動的重要關鍵。口語對話的遣詞用句與音調的抑揚頓挫，也永遠是判斷對方情緒反應的必備技能。

在享受那件白襯衫帶給我在鏡頭前的效率和舒適之外，我更體會到過往的跨國經驗，所觀察到那些多元文化種族背景的人事物，在職場上近身肉搏、短兵相接的互動，是多麼精彩和值得珍惜。

於是，我決定藉著十三個故事的撰寫，用輕鬆、幽默加上調侃的語氣描述跨國金融職場上，人與人互動的微妙關係，對應當今的虛擬遠距，來突顯真人實境互動的奇妙魅力。但就在完成之際，一個震撼世界的ChatGPT橫空出世，把我的信心瞬間擊得粉碎。

ChatGPT的拗口中文翻譯是「生成性預訓練變換模型」。世界級的科技大老一陣吹捧，宣稱這個人工智慧的能力，除了可以消滅一般的白領事務人員之外，律師、醫師、作曲家及小說作家也將被取代，真人創作的時代已經結束！

才剛剛把我的稿子交出，由網路上搜尋有關ChatGPT的資料，令我驚嚇不已！一則是覺得對不起寶瓶的工作夥伴，因為ChatGPT可以創造出比真人更生動的小說；再則是我完全沒有信心自己的十三篇故事是否值得一讀。

我決定走出徬徨和猶豫，把自己的十三個故事的名稱一一輸入ChatGPT，要求這個被讚譽有加的人工智能，幫我撰寫出每一篇故事。如果ChatGPT真的如世界級科技大老所說的那麼犀利，我就立馬去寶瓶抽換我的稿子。

但終究，我沒有去抽換稿子。比對每一篇ChatGPT產出的故事，我再次相信真人互動的珍貴價值，也再次重拾信心，因為真人互動交往的經驗所衍生出來的觀察和體驗，不是人工智能可以取代的。

我的每一個故事，都有其特殊的商業時空背景，我盡量化繁為簡，以真人互動為主軸。多年以後回首顧盼，早已物換星移，然而戲謔和嘲諷的洞視，反而更加通透。

狐狸與獅子
跨國金融家給一流人的修練智慧

目錄

狐狸與獅子

跨國金融家
給一流人的修練智慧

目錄

小聲講話，大聲笑

外商銀行的主管銜命開拓中國市場，
卻在上海金融圈形同邊緣人……
到底是哪裡出了差錯？

小聲講話，大聲笑

「馬克老闆有請。你可不可以在半個鐘頭後，來他的辦公室？」一整個紐約總行公認是瑪麗蓮夢露轉世投胎的祕書在電話的另一端下達召集令，說完就喀嚓一聲掛了。她忙得很，才沒有什麼閒功夫等我的回應。

深秋濃重的北美，楓葉飄落得只剩下伸向穹蒼的枯枝。

十一月底的感恩節過後，接著就是聖誕節和新年。這一個月的時間，大頭們忙著年終業績結算及預算達標的評比，敲定年終獎金的最終拍板；其他的人，都在觀望，屏息等待，沒有精神去做新業務。這個當下，仍然在努力工作的人就是華爾街公認的菜鳥。

之前幾年我當過笨蛋菜鳥，這幾年我也是老油條了，放輕鬆等待年終獎金的生死電話。

其實預算達標與否，每個月都有報表送到手上，年終的大紅包有多少，心裡大概有數。該另謀出路的人，也都在這個時節與獵頭公司顧問約著喝下午茶，找同學或同業扯淡摸底。我今年運氣不錯，所負責的商品和相關的市場狀況，沒有什麼「黑天鵝」、「灰犀牛」，超過預算將近三成。

馬克一向待我不薄，走到他辦公室的腳步輕盈自在，心想再怎麼樣，他不至於給得比去年的金額差吧。

「哦，你來了！坐、坐，再給我兩分鐘。」馬克說完，一扭頭就把椅子轉向面對哈德遜河的落地大窗，嘰哩咕嚕在電話裡急切地討論一些事情。

馬克身材五短，動作敏捷，思慮謹密，麻省理工出身，標準的紐約客，實事求是。他敢給大紅包，但舉刀砍人也毫不手軟。他身邊只留悍將，若跟不上隊，他絕對沒有什麼慈悲心，一定要你自求多福，不會放慢他自己一路竄升的腳步，阻礙他擴大業務管轄範圍的雄心壯志。

「你現在就可以打開信封，看看對這個數字滿不滿意。」一放下電話，他轉身隨手抓起桌上的信封，往我面前推過來。

馬克的作風是直球對決，一貫做法是要屬下當面拆封，年終獎金的數值就是他對你的評價。聽說他曾經當面給過一個零字頭，完全沒有任何心理障礙來表示他要踢你出門的意願。

「你確定這是我今年的年終獎金嗎？」我勉強擠出這句話。

在問馬克之前，我已經重新再仔細看一下那個用粗體字打印的數字，快速心算出比率。

「對，去年的三倍！其實依照你今年的表現，我不該挪別人的部分給你，但我決定這麼做，因為我除了要派你常駐東京外，還要去協調我們在上海成立的辦事處。」

馬克才不管我有沒有回過神，緊接著如連珠炮般解釋他的想法。

「把你丟到東京，那是個語言、文化適應上的大挑戰，外加協調上海辦事處的工作，所以這個年終獎金的數字，包括了補償未來一年你將面臨的許多困難，算是所謂的辛勞津貼。」

看著馬克微微上揚的眉毛，眼神搭配嘴角露出的微笑——這副招牌表情就是在告訴我一件事：他早就算計好，如何用「有錢能使鬼推磨」的招數讓我無從閃躲。

「為什麼要派我去呢？由東京兼顧上海辦事處，是什麼邏輯？」

「你去東京，仍然是負責現在的美債和地方債。日本金融機構的胃納大，他們會喜歡投資美國的市場，你的業績不會差。我甚至覺得如果你用心一點，帶好日本的業務人員，反正你們之間溝通應該比一個白人容易得多。這樣一來，你明後年的獎金只會多，不會少。」

「這個說法我同意。但幹麼要我去兼顧上海？我在那裡完全沒有任何客戶基礎，沒有什麼附加價值。」

「上海是往後幾年的兵家必爭之地。那邊的高儲蓄率、金融機構的存款增加幅度，超過了一般的新興市場。現在不去卡位，尚待何時？況且那個該死的英國佬已經從香港派人每天飛進上海做生意，他一心想和我搶這個地盤！」

那個英國佬叫做貝利，是馬克的死對頭。他們倆從年輕鬥到現在，算是同行相忌，都是從債券市場交易一路幹上來，一個在紐約，一個在倫敦。雖然是同一家銀行，但在割喉似的國際市場上，則是兄弟登山，各自努力，誰也不讓誰——搶同樣的客戶，競相殺價。當然，美系金融機構一向鼓勵這種市場機制、客戶導向的競爭。

臨步出馬克的辦公室時，他一反常態地居然站起來送我走到電梯間，邊走邊說：「去東京應該不會有太多問題，你的經驗可以應付，業績不會差。上海是我比較擔心的一塊。你有什麼困難，隨時歡迎回來紐約向我求救，我一定挺你。至於如何拓展上海的業務，你要好好規劃一下了。你自己拿捏與斟酌什麼時候啟程去亞洲，我尊重你的決定。」

領了個天價大紅包，去東京的工作安排也被照顧得滴水不漏，又被授命去上海搶地盤，這是一份使命必達的榮幸。

享受完紐約濃厚的年節歡樂氣氛後，我一則以喜、一則以懼地拎起包包，跨太平洋去東京。

喜的是日本的工作經驗，懼的是上海的任務。

⫽

真如馬克所說，東京是個成熟的市場。以日本戰後的經濟實力，藏富於民的策略，把紐約交易的模式原樣移植過來，不是什麼大工程，一季時間，就上軌道。

以預計的交易流量來看，手續費和買賣差價的利潤雖不豐厚，但是日本的金融交易規模緊追在紐約、倫敦之後。我掐指一算，如果沒有什麼特別的意外，今年預算達標的成功率，幾乎是百分百。

「你的業績，我在紐約系統上都看得到，東京市場和世界主要的金融中心是同步的。你不要再跟我多扯日本的事。不要忘記給你的那份辛勞津貼，不是為了東京，是上海！」馬克直白地切斷我在例行視訊會議上的報告，毫不留情地當眾丟出「辛勞津貼」的敏感議題。

我的如意算盤原本是能拖就拖，多蹭在東京，等半年後，再看看是不是非要去上海。沒想到，馬克已經不耐煩了。

隔天，他又追了電話給我說：「我告訴你，貝利兩個禮拜前把一個女生調去了上海。我警告貝利，這個女生是負責庶務，你才是整個業務的代表。你如果再裹足不前，這個女生很快會站穩腳步，到時候我們的麻煩就大了！」

大頭之間卡位、搶地盤的鬥爭，一向是毫不留情面。馬克在我面前也不作什麼保留和修飾，當然這也是把我當成子弟兵的一種手法。

我只能戴著鋼盔，衝去上海了。

//

「歡迎，歡迎！我們引頸期盼你來到上海。這個辦事處剛剛成立，有許多繁瑣的事情。這裡的規矩很多，許多行政流程都不像其他的金融中心那麼透明，客戶基礎和關係都要由零開始努力。」在我踏入上海辦事處的第一天，梁紅莉領著其他幾個小朋友來見我，並來了這段開場白。

我和大家握手致意，心裡想著什麼歡迎、歡迎，規矩很多，關係由零開始——根本就是在下馬威！我暗自想著：「你乾脆直說：『上海的水很深，你這呆胞有什麼能耐？』」

去上海前，我小心翼翼地把功課做好，將梁紅莉的背景摸了個底。

她是陝西高中畢業，因為有海外關係，直接去美國的史丹佛大學念書，之後又弄了份獎學金去瑞士留學，讀到一個商學碩士，算是學霸一名。嫁了洋人，夫妻在香港工作了一段時間，不知道是她自己爭取的，還是貝利提拔的，一蹦到上海辦事處，當二把手。

由一所內地高中畢業，一頭鑽進西方的教育體系——我的經驗是，這樣的東方女性有種西化的急切性與熱衷於參與跨國金融的企圖心，敢於表達，勇於任事。一旦回到上海，她們更是驍勇善戰，兼具洞視西方的金融操作，又對中國本土的行為模式嫻熟。梁紅莉應該是可以實踐婦女能頂半邊天的楷模。

之後的幾天，我按兵不動，觀察梁紅莉會出什麼招數。

她倒也沒有什麼急切，慢條斯理地草擬了一份時程表，列出該拜碼頭的主管機關、該求見的重量級國企金融業者、必須打招呼的外資金融同業等，洋洋灑灑三大頁。除此之外，她還特別表列出半年內，已經排定的上海各種金融相關的剪綵儀式、雞尾酒會和晚宴。

我最厭惡社交場合，尤其是端著高腳杯四處敬酒，找人聊天，交換名片，東拉西扯，言不及義。坐下來吃上一桌油膩冗長的高膽固醇豪宴，更是被我視為畏途。握著小酒杯一回又一回地仰頭乾杯，半醒半醉的承諾，豪情壯志的稱兄道弟，所有勾肩搭背的熱情，「這單生意非你莫屬」的誓言……次日完全煙消雲散，一切回到原點，重新協商議價，在草約中，左挑毛病、右出新疑，反覆無常的爭議，非弄個兵疲馬困。最後又回到晚宴上，開銷公帳，上演另一場觥籌交錯的鬧劇。

//

初來乍到的這幾個禮拜，梁紅莉一直保持低調。本來我以為她既是內地出身，又在西方世界讀書、工作過，這下子回到上海，等於是站上自己的地盤，應該會有一點跋扈張揚。

但顯然她沒有要頂起半邊天的企圖。一反我的預測，梁紅莉完全沒有任何失態的言詞和逾越的舉止。她謹守分寸，事事提報請示，也沒有擅自主張去決定不歸她管的業務。

她每天都穿著正式的套裝，質料穩重大方，黑色和灰藍為主。除了結婚戒指和一條纖細的金項鍊，她不穿戴其他的飾物，略施粉墨，一個徹底西化的金融專業粉領族。應該是有上健身房的強烈紀律，熱血的戶外活動者，她身材勻稱修長，留著齊肩短髮，略微上揚的丹鳳眼，口鼻平凡，配上稍顯陽剛的顎線條。我第一次見到她本人時，覺得好像看到一個女版的兵馬俑。

「今天黃昏有個酒會，慶祝建設銀行上海分行設立二十週年，就在下一條街。要不要考慮彎過去，打打招呼？前幾個禮拜我們去拜會的主管機關領導應該都會到場，正好也可以熱絡一下。畢竟你還是個生面孔，在這些領導眼前多晃幾次，下次再約會面，就更容易。」

從銀監會的上海辦公室出來，一坐上車，我正準備閉目養神一下，把剛才官腔官調的空泛對話消除，坐在旁邊的梁紅莉客氣地問著。

「下次再說吧！我想先回銀行整理一下資料，趁東京的人還沒有下班，追跟一些之前交代的事項。晚上還有一場和紐約的視訊會議，我也要先看一點資料。」

「哦，好的，好的。我叫司機先送你回去。我自己待會再繞回去看看建行的酒會，幫你在貴賓簽到簿上寫下你的名字，再去發發名片，讓多一點人知道咱們的上海辦事處開張了。」頓了頓，她接著說：「要不，我也把你的名片一起發送，就說你東京有急事，先離開一步。內地很吃『海外有買賣要照顧』的這套說詞。」

聽到梁紅莉這樣的回應，我倒是不好意思起來，不知道該不該依她的建議去酒會露臉。

「真是不好意思！之前就說過，我對於參加社交酒會、吃大宴的感覺不好，這是我的一個大罩門，尤其是在上海。我的個人偏好和迴避行為，恐怕要請你去補位，多擔待一點這方面的責任，和花一點時間去周旋。」

就這樣得過且過，半年多來，我穿梭在東京、上海之間，避開上海所有的社交場合及晚宴，除了與官方接觸、和金融同業或客戶洽談事宜之外，我鮮少花時間與當地的客戶接觸，所有的社交功能全權委託給梁紅莉。

//

「怎麼除了雞毛蒜皮的交易，其他大的項目融資，我們一件都拿不到？別家外資銀行在上海的上市承銷、國企海外掛牌、浦東機場跑道增建的債券發行，都有沾鍋了，我們一無所有！」馬克在電話另一頭狠狠地咬爛我的耳朵。

「我覺得奇怪，為什麼過去這麼多個月，關於檯面上的大案子，我們所投遞的意向書，以及隨後的可行性評估與市場分析、該給的專業報導等等，大家都忙得天翻地覆，可是一個案子都沒有，連個協辦角色也弄不到！」年中檢討會上，我非常不悅地對著上海辦事處的員工說了第一次重話。

沒有什麼好意外的，大夥兒都是我看你、你看我，不會有人願意當出頭鳥，出來說句話，為他們自己辯解。

「我可以打擾你幾分鐘的時間嗎？」散會後，梁紅莉亦步亦趨地跟著走到我的辦公室，禮貌地探了一句。

我想她可能是要為上海的員工發聲，解釋一下為什麼拿不到大案子。我不置可否地請她坐下，順手把門關上。

一開口，她便說：「我知道你覺得我們打不進上海的小圈圈裡，一定是我們的準備功夫不到位。我們的確是有許多地方可以更努力一點，但我相信我們的專業素質和敬業精神，不會輸給別人的。」

我心想你這不都是廢話！招募工作你一把抓，新進人員的培訓、在職進修的費用也沒有少過。我也授權你代表我本人，去遊走穿梭在各種金融社交場合。今天打不開一個局面，當然是我們的關係不夠好，我並不意外，但也不打算輕易放棄我杜絕社交的底線。

「我明白你對於參與那些社交活動的態度。或許我們可以從另外一個角度，來試試看能不能有所突破。」梁紅莉相當委婉地試探著。

她的話都說到這個分上，姑念過去幾個月以來，她也幫我承擔了不少社交的活動，我按捺性子，請她繼續說下去。

看我沒有立即斬斷她的刺探，她前傾身子，娓娓道來建議：「在上海要搶大案子，競爭對手的實力與專業是伯仲之間，沒有誰特別強或有什麼獨門本領。決定給予案子的國企和政府部門，大部分都是依循一個心照不宣的『輪流』方式來處理，大家都有分。」

「我也覺得是這個樣子，滿無聊的。」我忍不住搭上一句。

梁紅莉淺淺地笑著回答：「工作階層在決標過程中，一定會體仰上意，這是一種根深柢固的為官之道。他們這幫子人便是在各種不同的社交場合，仔細觀察領導人究竟和哪家銀行走得比較近，他們就會揣摩上意，乖巧地調整輪流得標的比率。我們的虧就是吃在這個環節。」

「你就是要我去交際應酬嘍！」我不客氣地點破。

沒想到，梁紅莉是有備而來。

她從手中的文件夾裡，抽出一疊巴掌大小的卡片，依序鋪排在我的桌面上，由右到左，一張張解釋每一張卡片上的簡單提示：往後一個月的酒會時間，會出席的高層領導人、官員和工作階層的辦事人員，他們的特色、喜歡什麼樣的運動和收藏，子女在國外什麼學校就讀、老家在那個省分等，不一而足。

每個關鍵人物的特殊性清楚標明出來，一卡在握，一目了然。

「如果你不反對的話，我們下禮拜三，可以一起去參加交通銀行新到任上海分行經理的歡迎晚宴。

「你只要花半個鐘頭去參加用餐前的酒會，我會先告訴你哪一張卡片上的哪個人物要鎖定，你可以先瞄一下卡片，知道這號人物的特色，然後我們就一起走上前打招呼。我先介紹你後，便會退到一旁，你可以依照卡片上的提示，挑起話題，引導對方回應，然後融洽地以微笑點頭示意。

「卡片上的每一個關鍵人物，我都蒐集、整理出了三到五個特殊談話點。只要你簡單地點觸這些話題，對方一定會禮貌回應，你們就可以交頭接耳地對話一番。你最重要的是儀態，就是要微笑著點頭，笑聲大一點也無妨。」

真沒有想到梁紅莉會出這招，她居然要訓練我在酒會上的舉止，如何啟動閒扯淡的話題。但是她的用心和耐心，那股切盼望的眼神，讓我也不好意思斷然拒絕。

梁紅莉沒有挑破地說出來，但我自知不涉入上海的社交活動，一味躲避，是造成今天打不開局面的關鍵。

「好吧！我跟你走一遭，看看你的卡片有多靈光。」

「你只要參加酒會，開始入席用餐時，就可以先走。我會留下來善後，提醒同桌的人說你身兼東京支店長，今晚和大藏省有一場重要的視訊會議，所以要先走一步。他們聽到這種說詞，一定會醺醺然，因為上海辦事處的主要負責人也擔綱日本業務，讓上海的國際地位瞬間提升，大家多少有雨露均霑，躋身國際金融中心的感覺。」

//

從第一次晚宴之後，我陸續又和梁紅莉搭檔，出席了五場類似的社交活動。

卡片在手，我只要不經意地瞄一下，輕聲啟動話題，然後就偏頭好奇地聆聽，或順勢靠近，再接著細問下一個議題。好為人師表是人之常情，大部分的領導和高管當官久了，話匣子一開就滔滔不絕，我只要點頭稱是，微笑以對，或時而仰頭大笑，或皺眉故作不解狀。

就在輕聲細語和微笑、大笑之間，反覆扮演著一個熱切融入上海圈圈的角色。

就在年底前，第一件上億美元等值的項目融資搶到手了。

回報馬克時，他拍案叫好，並且明白地告訴我，立刻提報年底大紅包的細節。他說上海辦事處今年的年終獎金，可以比照東京的金額來籌劃，務必要人人雀躍不已。

我把馬克關於上海年終獎金的話，請梁紅莉去轉達。她是大姐頭，這個功勞拋給她賣人情，理所當然。

聽我轉述了馬克的話，梁紅莉掩不住興奮，急著要去告訴大家這個好消息。臨轉身之際，又好像突然想起什麼事，回頭看著我說：「這樣的突破，完全是你願意放棄不參與社交的堅持，大夥兒都非常感謝你！」

她微笑著又說：「不過你要再接再厲哦！你現在已經把『小聲講話，大聲笑』的七字訣，發揮得淋漓盡致了。」

「為什麼『小聲講話，大聲笑』這句七字訣這麼靈光？」我好奇地問。

她回答：「別人看到你和領導、高管交頭接耳，你們小聲講話、大聲笑，別人就會怕你了，因為他們不知道你和這些關鍵人物的關係有多深，最安全的方式就是別惹到你！」

望著梁紅莉優雅踱步而去的身影，我不得不佩服又感激她教我的這句「七字訣」。

← 1-21
WALL ST
W YORK STOCK
CHANGE/
EDERAL HALL
TATUE OF
IBERTY

觸動那根敏感的神經

乍看此人平庸無奇，
實在想不透他何以是華爾街的「神人」——
直到親眼見證了他「打通任督二脈」之神乎奇技！

觸動那根敏感的神經

「聽說那個被《華爾街日報》提名為本年度『最佳投資銀行家』的傑克張，破例收到邀請參加總行年終的資深經理團體大合照。他好像是第一個黃皮膚的人有這樣的榮耀，去躋身在白裡透紅的紐約金融雲端上。」坐在我左手邊的石川優哉游哉地靠過來，撂下這些話。

在嘈雜喧囂的東京分行交易室，前後左右的交易員，都在口若懸河地和客戶介紹交易商品，或解釋昨晚美國聯儲會升息三碼所造成的市場衝擊。偶爾會聽到摔電話的憤怒聲，或者是通話結束以後，隨口而出的國罵，來宣洩交易失敗的憤怒，或平衡低聲下氣向客戶賠不是的壓力。

不過石川一向機靈，他的人格特質就是在這種如同壓力鍋的工作環境，尤其是有重大貨幣政策發布之後，市場上一片雞飛狗跳，他卻可以老神在在，不急於一時找客戶東拉西扯，反而上銀行的官網和金融資訊站搜尋八卦。

「傑克張是神人一個，他的出類拔萃又不是什麼新聞，幹麼拿他在紐約飛黃騰達的事來煩我？不過就是個搞計量的人，難道你景仰他？」忍不住調侃一下石川，心知肚明，我是顆酸葡萄。

「昨晚紐約總行丟出一項新的組織調整案，傑克張被任命擔任亞太地區各國央行的總聯絡主管，下個月就要到東京來了。」

石川隨手把他的平板放在我面前，要我自己詳細看一下內容，便逕自走開。

傑克張的確是位非常特殊的人物。

他在新加坡念大學時，年年拔得頭籌，三年就拿到哈佛數學博士，立刻被華爾街延攬去建立複雜的計量分析交易模組。

他的數理天分運用在金融市場，真是如魚得水，五年的功夫，銀行靠他的交易模組賺了滿盆滿缽，傑克張當然也是搭直升機般晉級，如今算是銀行排名前十名的大人物。

以一個東南亞背景出身的華人而言，能在紐約各族裔競爭激烈的環境下勝出，這種成就是個傳奇。

傑克張要到東京，這是個大消息。

別人可能不覺得怎樣，對我可是天大地大的事。日本央行一直都是我在聯絡，是我的地盤，我是唯一的在地窗口。將近十年了，從金融稽查、交易異常報備到引介日本央行外匯存底的海外投資管道，都是我包山包海地在處理。

各國的央行都是金融體系的最高領導機構，貨幣政策和外匯儲備的管理者，攸關整體經濟發展、保障小市民物價的平穩與維持合理的就業機會。能夠被賦予央行聯繫的責任，這是一份很榮耀又有許多學習機會的職務。不過我這些年來的表現平穩，沒有什麼太大突破，但也從來沒有捅出什麼婁子。

「好哇！我倒要看看他有什麼法寶。」

石川回座後，我隨口丟了一句，一方面給自己留個面子，因為這種事關自己的重大變化，我竟然渾然不知，一方面也化解自己忐忑不安的心情。

「我是傑克，很高興認識你。」

一大早，我就奔赴東京皇宮飯店，去和哈佛博士共進早餐。我特別提早十分鐘到，但才走進陽光普照的餐廳，迎面而來的人滿臉堆著笑容，自我介紹後，伸出雙手熱情握著我的手，接著轉身領我走到他預訂的桌子。

「不好意思，我遲到了。」我明明是早到，但是傑克張竟然比我更早到，並且沒有坐在位子上等，而是站在門口引頸候著，我也只好客套一句來表達自己是個知書達禮的文明人。

傑克張親切地招呼點餐之後，又低調而謙虛地介紹自己，並且把這次來東京拜訪央行的想法、希望達到的目的，簡單明瞭地敘述一遍。

其實他的職位比我高，年齡也長我幾歲，加上是遠道由紐約總行來的人，本來我預期他的姿態和架勢，應該不會如此低調且平易近人。

在共進早餐的談話之間，我刻意保持靜默，仔細聆聽他說，讓他主導話題，也乘機觀察這個人。留著一個大平頭，前額與鬢角間冒出一些銀絲，眼眉對稱平和，架著付黑框眼鏡的鼻梁下，有著一對豐厚的鼻翼。不說話時，雙唇緊閉內斂。

看著傑克張，我忖度他有著一張篤實的臉，完全看不出來是個精明幹練的計量學專家。他身材中等微胖，走起路來，左右晃動大了一點，雙手肥厚，配上十隻如小胡蘿葡般粗胖的手指，和華爾街金融奇才的標準形態大相逕庭。

簡單來說，他長得平庸無奇。

「不好意思，都是我在說話，沒有給你說話的機會。因為我們時間有限，等一下就要直接去日本央行，所以我得把握時間。你的背景和之前與央行的互動，我都已經清楚地了解。你做得非常好！也很感謝你可以安排我去見總裁。以後要麻煩你的地方很多，我們一起努力，看看能不能為日本央行再多做一點事。」

傑克張的口音普通，說話快一點的時候，約略有點結巴，完全沒有咄咄逼人的氣勢。

///

「請進請進！歡迎來到我們的辦公廳舍。總裁在主持晨會，一結束，他馬上會過來。實在非常抱歉。」一如既往，古賀小姐秉持著日本祕書的謙卑有禮，為了一點點的延遲就抱歉個不停。

我心知肚明，以日本央行總裁河野先生在金融界的輩分，何需要在乎我們兩個在美商銀行打工的華人。總裁的接見不過是行禮如儀，花個十五分鐘打發一下而已，並不是看上我們兩個人的面子。

河野純粹是衝著我們的雇主——美國國債最大的承銷商。

每一次的美國國債釋出，我們的紐約總部都依據傑克張的計量分析模式，精準地敲到最好的債券利率和標到最高的總量。既然是最大的承銷銀行，相較於其他的承銷銀行，我們可以轉手讓出給日本央行的部位，更能滿足河野海量狂吞美債的胃納。

河野是個極其保守的老派日本銀行家，除了對投資美國財政部發行的國債有信心外，關於其他的債券、衍生性金融商品、股票連動的固定收益商品，雖不至於嗤之以鼻，但也不太有興趣多知道。

我過去的聯絡窗口層級——和我混了近十年的日本科員們，加上古賀祕書，都私下把我教育得徹徹底底：在河野總裁面前，謹言慎行，不要把紐約那套金融創新、財務工程的花招耍過頭，尤其是計量分析的複雜模組，河野總裁年近六十五歲，沒有耐性多聽多學的。

出身銀行世家的河野，以東京大學的傲人學歷，加上日本央行派駐歐洲代表多年的歷練，在日本央行扶搖直上，仕途順遂。

他是標準的日本官僚體系下的樣本，不做不錯，墨守成規，年紀到了就有晉升，創新、拓展根本不在他的字典裡。

如何品酒、鑑賞雪茄，以及古典音樂和歌劇，倒是河野總裁醉心而熱衷的事。他的這些嗜好是東京金融界公開的祕密。

由皇宮飯店驅車去日本央行時，我再次委婉地向傑克張提醒一下，會見河野總裁之際，不要逾越底線，只差沒有說出不要太賣弄他的那套計量模型。

不出所料，一頭銀髮、雙頰紅潤的河野總裁，在畢恭畢敬的翻譯陪同下，官式地垂詢一番傑克張對於美國利率的走勢、金融大環境未來的看法，此外並沒有主動提出太多的議題。

傑克張費力演出，詳細解說他的看法，但是一句一句費時耗事的翻譯過程，十分冗長枯燥。河野端坐於偌大的紅絲絨沙發上，藏匿在昂貴的絳紅玳瑁眼鏡後，眼神半瞇，一心只是等待在不失禮貌的當下，由負責美國國債投資的部長來下禮貌的逐客令。

我全程保持靜默。在日本央行的會談規矩是除了最資深的人可以發言和對談之外，其他的隨行人員都是擺飾，充個人場，擅自插話是非常無禮的行為。傑克張是從紐約總行來的大頭，我的角色就是一個龍套。我也樂得作壁上觀，輕鬆看看這個「神人」傑克張，能如何撼動日本央行的保守及行禮如儀的待客之道。

在由央行離開的回程車上，傑克張一上車就逕自抄起手機和他的紐約祕書通電話，沒有什麼意願跟我多扯剛剛結束的拜會。

「辛蒂，你幫我查查看，下個星期在紐約召開的世界央行年會，日本央行是不是由河野親自出席？」

看好戲的我心裡樂著，盤算回到交易室，一定要立馬去把石川糗一頓，告訴他從紐約來的這個神人，今天碰到河野，也是踢到鐵板一塊，什麼搞頭也沒有。我一定要嚴正告誡石川，不要迷信紐約神人。計量分析、財務工程那些金融炫技，在東京是派不上用場的。我這種誠懇、老實的咖，才是服務日本央行的台柱。

〃

「你能不能告訴我，東京哪裡可以找到好的歌劇光碟？」第二天早上，傑克張小聲地問我。

我隨手把銀座那間高檔的音樂百貨專櫃地址給他，心想這個神人大概知道自己在日本耍不出什麼名堂，乾脆去買東西算了。但是日本的光碟絕對比紐約貴，他難道是個笨蛋？

當天下午，傑克張不知道從哪裡冒出來，湊近我的位置，把光碟放在我的桌上。

「這套莫札特的《魔笛》送你。這是目前最受好評的一個版本，希望你喜歡。」

「你怎麼這麼客氣，送我光碟？」

「下個星期二，紐約大都會歌劇院要演出由這位指揮大師指揮的《魔笛》，我們一起去。你先聽一下，也可以把劇情弄清楚一點。」

我捧著那套價格不菲的歌劇光碟，完全不知所措，待勉強回過神來，站起來問：「我們一起去紐約聽歌劇？」

傑克張偏一下頭，示意我和他走出交易室，一手搭在我的肩上，小聲說：「到走廊上說。」

原來他已經查清楚河野下星期一要去紐約參加世界央行年會，這個星期六晚上搭日航班機啟程，會在紐約待五天，剛好可以趕上這場搶破頭的首演。傑克張已經叫他紐約的祕書花了原價三倍的黃牛票，弄到三張包廂的位子。

「希望你可以和我一起陪河野去聽。我也幫你把去紐約的機票訂好了。」

和他飛一趟紐約事小，但是我不解地問：「你怎麼有把握，河野會同意接受我們的邀約和款待？」

「所以我們得想辦法把另外一套歌劇光碟送到河野手上，讓他知道下星期二當他在紐約的時候，正好有一場轟動的首演，這套光碟可以讓他先聽熟一點。其他的事，就不必太多著墨。」

原來傑克張先送我一套價值不菲的歌劇光碟，是施小惠給我，其實是要我幫他去送另外一套給河野。我錯估了這個貌似忠厚老實的人，原來他心機深重。

既然收了他的禮物，我也只好硬著頭皮去找古賀祕書。

//

古賀從年輕就一路跟著河野。這是日本金融界的一個普遍現象，忠心勤勞，一心護主的祕書，無條件地為主子效力，公私不分，晝夜待命，完全沒有自我的存在價值。古賀唯一的不同之處為，她是上智大學的高材生，這是東京一所全英語授課的頂尖學府，因此她的英語流利。這也是為什麼這些年，我們之間的互動比較順暢，因為古賀喜歡撂英語，在日本可以滿足她這個偏好的人不多。她知道我的日語一場糊塗，所以我們之間反而建立了一種特殊的溝通管道。

每一次通電話或是會面時，除了業務之外，我都會找一些話題和她閒聊一下，最後一定會大力稱讚她的英語是如何的流利。這個馬屁屢試不爽地成功。

「早安，古賀小姐。沒有什麼特別的事，只是前幾天我們去拜會河野總裁後，回來又把最新的資料整理一下，添加了下星期紐約世界央行年會相關議題的資訊。如果方便的話，我們送一份過去給你，你再斟酌是否合適轉交給總裁，一切由你定奪。」

高帽子一戴，又是用英語溝通，古賀沒有拒絕的理由，反正只是去找她，又不會驚動到河野。

不到半小時，傑克張和我就晃進古賀的狹小祕書室。

「真是非常抱歉，讓你們跑一趟。我這邊空間太小，沒有辦法好好款待你們。」古賀一邊端上精緻的白瓷咖啡杯，一邊用字正腔圓的英語招呼我們。

她自在並本能地採用日本以客為尊的方式提供茶水，但是棄茶而就咖啡，搭配上全程用英語——一個特殊又期待蛻變的日本粉領階級，活跳跳地展現在傑克張和我面前。

既然是用英語溝通，傑克張立刻主導對話內容。他操著新加坡英語的風格，精緻、優雅又和緩，沒有紐約白人那種機關槍似咄咄逼人的快節奏，古賀自然是聽得清楚又很有自信地提問與應對。逮到這個機會，紐約神人把當天沒有辦法向河野仔細說明的計量模型，深入淺出地介紹給古賀。一手操辦總裁國際訪客事務這麼多年，英文程度高，加上肯學與用心，古賀的金融專業知識其實比那些墨守成規的科員、部長們優越甚多。

「不好意思，耽誤你這麼長的寶貴時間。我不應該講得那麼瑣碎，希望你不要介意。最後，我有一套最近頗獲好評的歌劇光碟，如果不會太唐突的話，我想借給河野總裁。另外還有一台最新的輕便型光碟機，方便總裁在跨太平洋飛行時，可以聽聽。」

傑克張恭敬地把光碟盒及薄細小巧的光碟機放在古賀的桌上。

在古賀鞠躬送客之際，傑克張輕聲細語地問了一聲——當然也是再次與古賀確認——河野的班機時間，及其在紐約下榻華爾道夫飯店的天數。

紐約神人居然想得出來用「借」這個字，來形容送歌劇光碟和方便河野長途飛行聆聽的光碟機。這招讓古賀完全沒有拒絕、阻擋的空間。

被晾在一旁的我，除了佩服，還是佩服。

星期六晚上，傑克張揪我一起去成田機場，說是已經訂好了車子。但明明是夜間十點才起飛的航班，他老大卻說我們先去機場吃晚飯，七早八早，黃昏時分就把車子開到我家樓下。

一到機場，神人一個箭步衝向貴賓室櫃檯，嚷著找主管說話。「今晚央行的河野總裁要搭十點的班機去紐約。他這次的行程是我們紐約總行特別安排，我們兩個人算是他的隨行人員。麻煩你先把總裁的座位升等到頭等艙，和我們兩人的座位貼近，差價刷到這張信用卡上。」他並千交代萬交代櫃檯人員不要張揚這次升等，只消把登機證夾在河野的護照內交付就可以。

之後，紐約神人拉著我坐在貴賓室的僻靜角落，狼吞虎嚥地吃完蛋包飯，然後就靜靜守候。

為總裁送行的央行人員一字排開地鞠躬送別之後，原以為傑克張會扯著我去找河野攀談，但出乎意料之外，他按兵不動。

直到宣布開始登機時，他卻一馬當先地拉著我先上機，示意我就坐，他自己側立在頭等艙的門簾之後。

「哎呀，是不是弄錯了？我是訂商務艙，怎麼引導我左轉進入頭等艙？」河野不解地問空服組員。

傑克張瞬間上前一步，輕輕扶著他的手肘，低聲耳語：「我剛好也是搭乘這個航班回紐約。前幾天才去打擾你，不知道你還記得我嗎？十幾個小時的跨洋飛行，你一到就要開會，又有時差，我們一起坐在這裡，好好休息一下吧！」

「哦，就是你借我光碟和光碟機。你看，我都拎在公事包裡，正打算好好享受一下呢！」河野心照不宣地接受了升等的巧妙安排。

除了供應餐點之際，偶爾趨前附耳與河野聊天之外，絕大部分的飛行時間，傑克張都很守分寸，不去打擾他。

抵達紐約機場後，河野由日本駐外人員安排禮遇通關。傑克張和我識相地自己照正常手續入境，再去華爾道夫飯店。

傑克張的祕書早已把三張歌劇票留在飯店櫃檯。他麻煩櫃檯，用飯店的正式信封，將一張歌劇票轉遞給河野總裁，同時明確地交代如果總裁納悶，就說是「飛機上巧遇的歌劇同好剛好多出一個位子，如果總裁有空，不妨就去參加這場各方期盼的首演」。

「快開演了，河野還沒有出現耶！」我按捺不住地提醒神人。

他倒是老神在在，手裡捏著一個小小的盒子，嘴巴微微牽動著淺笑說：「你也有一套這位大師的光碟，就先氣定神閒地享受一下，聽聽現場和錄音的差別吧！」

就在快揭幕前，河野由領位人員引導進入包廂，禮貌地向我們點頭致意後，一屁股坐下來，長吁一口氣，雙手平放在大腿，滿心歡喜地殷切望著舞台。傑克張把手上的小盒子輕輕遞過去，河野立即會過意，熟練地從盒中取出一付看歌劇專用的精緻望遠鏡。

中場休息時，河野出乎我的意料，興奮地用著他平常不太願意在屬下面前顯露的英語，與我們討論上半場的表演，完全沒有提及包廂票的由來。一切那麼自然，就像是三位歌劇同好，在一個包廂裡，享受一場首演的大戲。

散場後，日本央行駐紐約代表恭敬地把河野接回飯店。

之後幾天，本來以為傑克張會拉我去世界央行年會，和河野多扯一番，結果他只是任我在辦公室裡閒晃。

我倒是意外收到古賀的一封電子郵件，簡潔地轉述河野總裁要她與我們聯繫，表達高度肯定傑克張的計量交易模式，日本央行希望盡速簽署一份合約，委任我們銀行代為操作，並且逐年分批加碼投資金額。首次委任從美金十億起跳。

「傑克，合約到手了！我們的收費標準該怎麼訂？」我狗腿地去找神人商量，把古賀捎來的好消息在第一時間分享給他，並以請示收費標準來彰顯他主導的資深位階。

「你看著辦吧！畢竟東京是你的地盤。日本的外匯存底那麼多，如果以我的模式操作令他們滿意，我預估以後的量一定會放大。這一單要耐心地慢慢吃。」

隔天我要回日本，臨去機場前，特別跑去跟傑克張說聲再見，感謝他手把手地帶我走過如何安排河野由東京到紐約聽歌劇的奇招，幫我搶下了一件從來沒有想過的大單。

「頭等艙升等，不等同於幫客戶、尤其是政府官員負擔旅費，況且差價支付是掛在我的信用卡上，沒有違反銀行的待客規章。歌劇包廂的票面價，沒有超過招待客戶的上限，黃牛票差價也是刷我的信用卡。你這一趟差旅費也報到我的部門來，你放心地回去吧！」傑克張邊送我去電梯間，邊說明這些招待客戶和賄賂相關的敏感問題，應該是有洞視我心中的疑慮。

「老實說，這一趟紐約行，我真的是大開眼界，受益匪淺。真的不敢相信，你可以撼動河野總裁，讓他做出這樣非比尋常的決定！你怎麼能做得如此到位？」我好奇地問他。

傑克張沒回答，但就在我要步入電梯時，他把我拉近，小聲地丟了句話，就轉身離開，頭也不回，只是背對我揮了一下右手，消失在逐漸關闔的電梯門縫中。

〃

「今年高知縣的雨量不足，陽光也差，使得哈密瓜量少又甜度差，可是價格卻上漲，真是豈有此理！」

我回東京上班的第一天，石川就跑來跟我說這個不營養的話題。

「我已經把今年這個高檔水果送禮的客戶名單印出來了，就放在你的桌子上，你看一下吧，刪減或增加，都隨你嘍。對了，恭喜你！去一趟紐約就拗到一張天文數字的大單，聽說還是河野這個老頑固親自下的令！」

石川說完就習慣性地掏出香菸，晃出交易室，去享受他吞雲吐霧的片刻清靜。

我走到座位上，一字排開的電腦螢幕前，石川已經把表列哈密瓜的客戶名單夾在銀行的年報中，翻開一看，那頁正是銀行頂尖高手的團體照——在其他五官立體的白人之中，傑克張平扁的亞洲大臉特別顯眼。

再瞄一眼由夾頁間滑出來，那張密密麻麻的哈密瓜客戶名單，在紐約的電梯門即將關闔之際，「神人」傑克張丟出的那句話，赫然如五雷轟頂般灌入我的腦門：

「你要知道如何觸動客戶那根敏感的神經！」

只喝百事可樂的金融天才

揚棄傳統、
主張創新的「天才董事長」引來兩極評價。
追隨他跨出的每一步，
都成了戰戰兢兢的壓力測試……

只喝百事可樂的金融天才

「我們一定會在法院和那個耍賴不認帳的公司，官司打到底！」被業界公認的金融天才穿著全身酷黑西服，以董事長之尊現身年終晚會，在台上高舉星際戰士光劍，大聲吆喝著。

台下一陣雀躍歡呼。震天價響的搖滾音樂，瓦力十足，人人扭動軀體，搖頭晃腦，如痴如狂地沉醉在這場天之驕子才受邀的年終搖滾盛會。

專注於衍生性金融商品的創新設計，全力開發人工智能系統，充分利用全球無時差交易，揚棄傳統的借貸營運模式——是這位董事長自上任以來，毫無懸念的營運策略。他視墨守成規、不能跳出框架思考的人，都是迂腐、落後的死木頭，非去之為快。直白地說，不能有另類思考、不敢顛覆與客戶既有的互動模式，對於這種停滯的狀態，這位天才董事長沒有一絲耐心去容忍，必然採取強硬的手段要求改變。

天才董事長的另外一個特殊品味是，他只喝百事可樂。為什麼？因為百事可樂長年以來，都以新的口味挑戰歷史悠久的可口可樂，拚死拚活地搶市占，無所不用其極地去顛覆可口可樂的權威地位。只喝百事可樂，是他在昭告天下一個明確立場：連喝飲料都可以是一種叛逆的表徵，一種與眾不同的風格。全銀行沒有人會愚蠢到在他面前喝可口可樂。

除了在喝可樂上擺出姿態，他還讓近百人由世界各分行，飛到佛羅里達，包下迪士尼樂園任大家盡情玩樂。這場所費不貲的年終邀請，也是天才董事長犒賞可造之才的方式之一。但是，這份邀請並不包括家人，於是一群成年人就在兒童遊樂場近乎荒誕地瘋鬧一整天，最後是以一場大型的搖滾演唱會收尾。

「打這種官司，不是瘋了嗎？」

「客戶和銀行之間是夥伴關係，而不是對立的交易兩造！」

「這種六親不認的待客之道，日後還有什麼人敢和我們銀行往來？」

一群來自亞太地區的人啜著百事可樂或百威啤酒，看著台前舞池中喧鬧蹦跳的白人們，紛紛低沉地細語著。

「其實這家公司宣稱和我們銀行之間的交易不是常規的，這也是情有可原。因為我們是他們的主力銀行，應該非常清楚他們的財務狀況，徹底了解生產成本的控制機制。這些年卻任由他們的財務主管在市場上興風作浪，不僅沒有節制他們的交易量，反而一味配合，賺取仲介佣金。」聽到台上的天才董事長要官司打到底的當下，站在我身邊的一個港仔湊上來和我咬耳朵。

和我們有官司訴訟的是美國中西部的一家鼎鼎有名的多元跨業集團，由食品原料、清潔劑、美容保養品到冷凍生鮮蔬果肉品，包山包海地囊括超過一半的市占率，是一個不好惹的製造業巨擘。

雙方的交易，其實也沒有什麼大不了的學問。製造原物料屬於大宗物資，這個巨擘需要預先在市場採購原料，時而透過我們銀行的仲介來做期貨交易。因為預購的量大，經常會影響市場的遠期和即期現貨價格。

製造巨擘的財務主管，眼看自己在期貨市場上有舉足輕重的地位，不免手癢，把原本鎖定是原物料成本的交易，逐漸轉為投機的倍數財務操作。

換句話說，本來應該只預購半年後一百萬噸的牛肉，但這名財務主管斷然下單買了兩倍的量，市場上對牛肉的需求瞬間拉高。這個製造巨擘就把他們現有的牛肉庫存順手傾倒於牛肉現貨市場，賺取差價，獲取豐厚的利潤。

這種以巨量來操控遠期和現貨市場價格的手法，不需要什麼深層的財經素養。但這名製造巨擘的財務主管食髓知味，這幾年來著實也累積了相當程度的經驗，把一個支援性質的財務部門，搖身一變成為舉足輕重的利潤中心。

不過，夜路走多必碰鬼。順風順水幾年後，終於碰上一次期貨市場的大波動，幾個重要大宗物資的期貨價格，同步崩盤。製造業巨擘的財務長未能料敵機先，被市場對作玩家軋空，造成了上兆美元的天文數字損失。

他不願承擔所有的責任，於是就推托自己是金融交易的外行，一切的交易都是依照我們銀行提供的資料與數據進行。這位財務長把自己描述成一個無辜的受害人，進而拒絕履行價金的支付，把交易糾紛，訴諸法律手段解決。

一向習慣早睡又加上長途飛行的時差，尤其震耳欲聾的音樂，我更是無意久留。看到天才董事長在台上揮舞的光劍慢慢隱入幕後，我也就不再搭理身旁的人，輕巧挪移出人群，快步離場，心中忖度，明天又要長途跋涉飛越太平洋，早點回房休息乃是上策。

次日清晨，匆匆收拾行李。窗外陽光燦爛，看到遠處高聳的雲霄飛車，心裡盤算明年暑假，一定要把女兒們拎來這裡，沖消此次我一個人來這種遊樂世界的罪惡感。

上班尖峰時段的車潮已經湧現，看著高速公路上熙來攘往的通勤族，慶幸自己訂了早班飛機，可以即時離開這個以遊樂休閒為主的城市。

輕鬆地坐在旅館往機場的送機禮遇車上，我習慣性地打開筆電，搜尋最新的市場消息，跳入眼簾的卻是令我大吃一驚的緊急快訊。天才董事長的祕書要求我下午兩點，準時抵達董事長在紐約的辦公室，已經排定了一對一的面談。

忙不迭撥電話給那個祕書，解釋一下我的情況。「不好意思！我剛剛才看到你的通知，恐怕兩點趕不到紐約市，因為我原本訂的航班是由奧蘭多直接經由西岸，飛往東京，沒有繞到紐約的行程。現在改行程可貴了，而且我一時之間，恐怕也訂不到去紐約的機票。」

「嗯，是這樣嗎？董事長不會在意你花多少錢改行程。但是不能克服萬難，配合他的一對一面談，你面對的問題可能就更大了！還有一點容我提醒你，進董事長辦公室，要衣著整齊。」不等我回答，操著紐約腔的祕書已經喀嚓一聲把電話掛了。

瞄一下手錶，已經快要九點。不到五個鐘頭，我得臨時搶訂機位，還要張羅晉見天才董事長的行頭，因為來參加年終搖滾晚會，大家都和我一樣，沒有帶正式的衣服。呆望著車外走走停停的車陣，我六神無主，再想到如果不能如期赴約，更是嚇得一身冷汗。

突然靈光一閃，「朱大偉」的名字躍入我的腦海，立刻撈出手機撥號。

「大偉，我深埋在糞坑裡，你得拉我一把！」不等對方回應，電話接通的第一瞬間，我就連哭帶喊地用紐約客的誇張語氣說著。

朱大偉是我在紐約的哥們。他是個小留學生，從小在曼哈頓的中國城長大，聰明伶俐，但不循一般華人正軌去當醫師、律師或搞金融，而是跑去學服裝設計。他融合中西文化的創意，搞了個相當成功的品牌。靠著設計獨特的時尚服飾發家致富後，他躋身紐約的社交名流，喜歡當大哥，經常呼朋引伴，揪我搭租賃特約小飛機去美國各地打高爾夫球。

「我來想想看，應該可以幫你解決一些問題。我搞定後，發簡訊給你。」耐心聽完了我的陳述，朱大偉簡潔地冷靜回應。

度秒如年地捱了半個小時後，收到朱大偉的訊息。我立刻隨著手機夾了張百元鈔票，拿到司機面前，請他照手機螢幕上的地址，盡快改道前去。

「噢！這是一個專門供私人飛機起降的小機場，去那邊的人都是富豪！」大塊頭的司機邊說邊切換到交流道，加足馬力飛奔而去。

「你真幸運！這架租賃特約飛機剛好剩下一個位子。你快點提行李登機，他們已經待機空轉了二十分鐘，就為了等你老大一人。我是看朱先生的面子，才幫你這樣安排。一個人三千元，上機後再刷卡付款。」在機場招呼的人沒好氣地嘟嘟嚷嚷著。

機長像趕命似的，我連安全帶都還沒扣妥，飛機已經滑到跑道頭，轟然一聲，拔地而起，拉了個超大仰角，直衝雲霄。全機等我一人，從上機到坐定，我都不敢歪視左右，但是隱約感覺到人人都是衣冠楚楚，所幸坐在最後一排，彎腰駝背再刻意壓低身體，我就算隱身其中了，不再招惹任何人。

中午十二點，飛機降落在離曼哈頓中城大概仍有兩個小時車程的偏遠機場。如果順利叫到車子，我想應該可以趕上下午兩點的時限。

眼看其他的乘客都被私家車接走，我走出機場，一邊引頸招車，一邊發愁衣著不妥的困境。

手機震動提醒我有新的簡訊，定睛一瞧，是朱大偉來的訊息。他幫我安排了一輛車子，車牌號碼、司機手機都明列清楚。

心存無限感激，我快步找到那車，一頭鑽進去，先塞一張百元鈔票，吩咐司機盡快趕到曼哈頓中城。

「你好！座位上的紙盒裡是朱先生替你安排的衣服。我會把駕駛座後方的隔板升起，你可以更衣。我相信兩點鐘一定可以送你到目的地。」

求救電話裡，除了機位之外，我也大概說了見天才董事長的行頭問題，朱大偉沒有多作反應，我不確定他是否聽進去了。但我知道他是時尚名流，特別鍾愛紫色西裝。現在看到他周到的準備，只能忐忑不安地打開盒子，希望他不要突發奇想地為我設計什麼造型，因為之前他常常嘲笑我穿得老土又古板。

畢竟是服裝界的個中翹楚，他光目測就抓到完全是我的尺碼：深色鐵灰西裝、白襯衫、寶藍絲領帶，黑皮帶皮鞋，加上一件羊絨大衣——中規中矩的銀行上班族標準服裝。

//

「哦，你到了！你是目前唯一準時到的人。」大祕書面無表情地坐在椅子上打電腦，不情願地抬頭看著我說。

「兩點鐘不是我一對一的面談時間嗎？」我納悶地問。

「你進去就知道了。」大祕書偏頭示意我自己推門進入天才董事長的辦公室。

「哦！你到了！歡迎歡迎！到沙發這來坐坐，我們好好聊聊。」

天才董事長邊說邊由自己的桌子繞過來，騰出拿著百事可樂的另外一隻手，親切地和我握手。

「你怎麼趕過來的？你有拎正式西裝去奧蘭多嗎？」他好奇地問。

我如實以對，把租賃特約飛機和車上換衣的事，挑重點敘述一下。在輕描淡寫中抹去貴人相助的環節，神態自若地淡化自己慌張的行徑。

可以感覺到，天才董事長對細節沒有太多的興趣知道。他微微點頭表示聽到了，灰藍色眼珠透過無邊眼鏡看著我，嘴角上揚地笑了一下，說：「叫你趕來是一次壓力測試。我知道你們這群由亞太地區來的人都急著回去，沒有打算到紐約來打個轉。我就是想看看你們在出其不意的情況下，如何有應變的能力，可以準時抵達這裡來和我碰面。」

真相大白，原來這位天才董事長是利用這一次的機會，廣下緊急召集令，我不過是這場壓力測試的其中一個案例而已。韓國、新加坡、馬來西亞、印尼、泰國和香港的分行經理，都收到同樣的一對一面談邀請。

幸好我有一個喜歡罩人的朱大哥，否則就淪為天才董事長眼中的腐朽敗類了。

接下來的一個小時，天才董事長鉅細靡遺地問了日本重要客戶的情況。他一再重複地告訴我，一定要突破現狀，找出新的交易方式，加強力道去創造新的金融交易機會，並且鼓勵我要放手一搏，不把自己侷限在既有的會計和法規框架內。

「創新，一定會衝撞現有的法規與制度。訴諸法律行動、打官司，也不是什麼很壞的事情。」臨送我出門時，天才董事長叮嚀了最後這一句話，我頓時覺得他是個剛中帶柔，充滿睿智的領導者。

知道自己是唯一通過壓力測試的人，走出總部大樓，迎面而來是北美深冬的冷冽寒風，心情反而輕鬆多了。

豎起大衣領，決定乾脆在紐約多待一天，好好擺上一席來酬謝救命大哥。這身行頭，再怎麼樣都要和朱設計師親兄弟明算帳，不能白穿他的衣服。

「你們銀行到底在幹什麼？竟然和那麼大的製造業公司打官司？嫌錢賺得太多？」沒想到朱大偉一個服飾界的人，也會注意到我們銀行的官司消息。之後我們就這場官司閒扯了一整晚。

大概是下午被摸頭，又通過一場如夢幻般的壓力測試，我發覺自己在言談中，極力維護天才董事長的決定。我已經是他的死忠信徒。朱大偉一個搞時尚設計的人，哪能欣賞金融創新的複雜性？幸運飄滑過壓力測試的興奮感，腐蝕了我對貴人相助的感激之心。

⫽

回到東京後的半年期間，我絞盡腦汁地針對特定的日本企業，想方設法去找出另類商機。

日本是一個法規嚴謹、不求創新的商業環境，這份要突破現狀的努力不是件容易的事。加上依日本教育的鐵律，冒出頭的釘子必遭榔頭重擊，東京分行的重要幹部們對於我的行徑和要求，也是丈二金剛摸不著頭腦。

但失落的十年，讓日本許多大企業在帳上握有高額的金融投資部位，票面價格和市場交易價格之間，有著相當懸殊的差異。日本人死不認錯的民族性格，充分展現在金融投資領域。明明知道市場上已經沒有什麼買方——也就是說，市場上沒有任何人願意出價接手買走——這幫子持有者，仍然以當初投資的價值登錄在帳上。簡單的比喻就是：當年以巨額標入一雙全新的收藏款球鞋，不料幾年後，市場沒有預期的青睞，藏家的選項之一是死抱，相信再過一陣子，市場價格會回頭；抑或是認賠，低價出清。

收藏款球鞋可以抱到天荒地老，要不就拿來穿在腳上過癮，自我消費也是一種價值的回收。但金融投資商品除了「死抱」或「認賠殺出」，沒有自我消費的選擇。日本企業全部傾向死抱，可是新的會計準則規定了死抱的年限，要求持有者必須在七年後，揭露死抱的金融商品，並且依市場價格來反映預測的損失。

「我們來當『白衣騎士』，去發掘究竟有多少日本商社，手上握有長期停滯、無法出清的債券。我們報一個好價，把他們的部位吃回來，幫他們避掉年底帳上投資損失的揭露。同一時間，和他們簽定另外一份交易合約，讓他們承諾三個月後，再依我們的原價買回。這一來一往之間，我們依照交易金額酌收顧問費。」

經過多次與紐約總部的專家討論、研究，加上和幾家日本大型商社的耐心切磋，我在東京分行的商業策略會議上拍板定案，「白衣騎士交易」正式推出，是一項史無前例的突破。

「這會不會是協助客戶規避投資損失的揭露？法律上有遊走於灰色地帶的問題嗎？」耳聞在我背後，幾名資深的日本高級幹部私下議論著這些疑慮。

「這不就是租輛超跑去把妹，留自己的爛車給車行抵押。等風光完了，把超跑開回車行，刷卡付租金後，再把自己的破車開回家！我們不就是在經營虛榮的超跑租賃業務？」年輕的傢伙則用淺顯的比喻，開玩笑般的質疑。

「這是櫥窗效應吧！我們幫忙客戶裝飾門面，把投資失敗的部位先寄放在我們這裡，等年終報表結算完後，隔年他們再買回去。」另外一位會計資歷完整的財務主管，私下對同事們表示他的態度。

但我打著天才董事長的「創新」旗號，也沒有人真的敢站出來，當一根冒出頭的釘子。就算日後有糾紛，「官司打到底」，是我學來的另一種底氣！

一個願打、一個願挨，這場白衣騎士的拯救計劃風風火火地在東京市場上展開。滿手折價金融投資部位的日本商社聞風而來，交易量出乎預料地爆天量，我們的顧問費收入一飛沖天！

由一個犬儒平庸咖，在通過出其不意的壓力測試後，搖身一變成為天才董事長眼中創新、突破的「金童」，會計準則和法律潛在的疑慮，完全不是我要擔心的事。

尤其是天才董事長在銀行的期刊報告中，幾度提到我在東京跳出框架的成績，醺醺然在日常生活中，我發現除了百事可樂之外，別的可樂真的不太對味。

「哇！完了！我們的官司被移出紐約，審理地點改在芝加哥！這個製造業巨擘居然使出這種殺手鐧，認為官司在紐約打是對他們不利、不公平，要求異地審理。但一旦官司挪去芝加哥，當地的陪審團成員都是中西部的農夫，傾向於同情製造業者，會把紐約金融界的銀行看成豺狼虎豹。這根本就是一件未審先判死的案子！」

擁有美、日雙重律師資格的東京分行法律顧問聽到這個消息，第一時間就打電話給我，分享他的看法。

果然，官司的劇情急轉直下：芝加哥法院裁定，製造業巨擘並非金融專業機構，財務長擅自主張操作不當的投機交易，加上我們銀行誘導，且巨額交易未呈報該集團董事會授權進行，因而所有損失應由銀行負責。

這項判決瞬間產生骨牌效應，所有與我們銀行過往有交易的對手，都對於自己的損失重新提出賠償要求。大家一致的訴求都是：銀行應該是一個攜手扶持的機構，而不應該把客戶當成冷血的交易對手。

排山倒海的求償訴訟案件，塞爆了芝加哥法院。

天才董事長一貫宣稱「官司打到底」這句話，在媒體上被重複批判，對案情只有減分效果。這位自視超然、信心滿滿的領導者，無論如何也不肯把這句話吞回去。世界各地都一樣，反商仇富的情結一旦掀起，就很難平息，我們銀行變成過街的老鼠，客戶大量流失。

迫於現實，必須即時止血。銀行董事會決議啟動與客戶討論賠償金額的協商，首要條件就是必須撤換董事長——在全數董事無異議的表決下，天才董事長被請出了大門。

//

金融即時新聞網以號外頭條報導，天才董事長沒有通過壓力測試。

頂不住其他董事會成員的要求，他在選擇官司打到底和拒絕損失賠償的原則下，只有黯然下台。

由即時新聞網站回神，我在鍵盤上彈指切換，電腦螢幕上表列密密麻麻的白衣騎士交易明細。一路往下拉到底，看到成千筆交易的總額，等同日本總生產毛額的五倍。

我打了個寒顫，不知道一旦這批白衣騎士交易受到質疑，能否通過會計準則和法律規範的壓力測試。但可以確信，官司打到底，在日本是行不通的。

信步走到辦公室的落地大窗邊，由金融特區的大手町遙望皇宮護城河，赫然發現，手上的百事可樂怎麼略帶苦澀。

「你有慢跑的習慣嗎？」

天王巨星跳槽，震驚業界，

「亞洲區負責人」空缺成眾人競逐之靶。

此時，銀行總裁突然召集亞太各分行菁英餐敘……

「你有慢跑的習慣嗎？」

星期五的股匯市收盤時刻往往有兩種消息出現：一種是稀鬆平常地預測下週開盤會出現什麼重大的變化，一種是令人瞠目結舌的人事異動。如果是後者，所有的新聞系統、彭博加上路透社的終端機螢幕，都會以極其醒目的標題和不停閃爍的跑馬燈顯示，來吸引大家的注意。

「哇！小麥先生要拔寨而去。雖然他沒有明講，但是市場預期他一定會拉一狗票人跟他投奔敵營！」

一個平靜的初春四月天被這則即時新聞打亂，消息一出，整個辦公室都在瘋傳這件事。

新聞選在星期五的黃昏發布，就是要彰顯這項人事異動是如何的驚天動地，同時也是為了避免他的去留，會直接影響我們銀行的股價，至少一個週末假日，多少可以吸收、沉澱一些衝擊。

他的姓是Wheats，在亞洲，大夥都以「小麥先生」稱呼他。原因其實很簡單，因為直接用英語說出這位天王巨星的名字，怕會捲入高層的權力鬥爭。用個代名詞，大家覺得或許可能有點保護作用，自我安慰的成分居多。

小麥先生被任命為亞洲區的負責人後，就公然向紐約總行的大頭們挑戰。憑著亞太經濟發展的動力，加上一個實力雄厚的日本在他的手掌心中，每年由亞太貢獻給整個銀行的利潤，可以跟北美和歐洲分庭抗禮。

當初就有傳言，小麥先生被派來亞太地區，是因為在爭取紐約總裁一役敗下陣來。他一直在找時機殺回紐約，但是苦無機會。儘管在東京的待遇、租賃的豪宅都是由紐約總裁一再地破格特批，小麥先生仍然是一頭蟄伏在日本，受傷的八百磅大猩猩。

拉一票菁英去投靠我們的競爭對手，應該是小麥先生最後的殺手鐧。這種高層人事異動、權力傾軋，對我這種小咖猶如遠在天邊的彩虹，絢爛無比，遠遠看著就好。

「你今晚沒事吧？到我辦公室去，有話和你聊聊。」丹昆突然由我的脖子後方湊近來說著。聽到他的話，我才由小麥先生的新聞中，回過神來。

丹昆是今年才由紐約派來台北任分行負責人。年紀輕輕的，為人和善，娶了台灣嬌妻，加上兩個可愛的混血孩子，一家四口住在洋人喜愛的北投山區別墅。

他剛上任，就極力想拉攏台北分行的兩位老地頭蛇和依附在他們身邊的小嘍囉們，試圖用低調加上稱兄道弟的手法，來鞏固自己在台灣的地位。結果薑是老的辣，這些老樹盤根的台灣團隊，根本不把丹昆這個小老美放在眼裡，因為他們清楚地知道如何操控客戶的忠誠度，如何施力來加強競爭的著力點，如何平衡市場上各銀行之間的利益衝突，和風險均分的竅門。

我才剛由另外一家銀行跳槽加入這裡，和原來的老教們正在磨合，不屬於那些老樹團隊的成員，是個菜鳥局外人。

也正因為我的特殊狀態，丹昆居然一把提升我為他的特助，大小事都來找我閒扯一通，重要的案子也經常破例授權給我處理。

丹昆抓著我來壯膽，冀望至少有一個在地人可以幫他撐腰。我們兩人是所謂便宜行事的婚姻，湊合取暖。他靠我去搞清楚晦暗不明的在地狀況，我靠他晉升職務，拿大包一點的年終獎金。

「你怎麼看小麥先生的事？這可是件大事哦！他一定會招兵買馬，把我們銀行的好手網羅殆盡，和他一起去那邊打天下。他去的那家瑞士銀行，在亞太地區根本沒有什麼據點，香港只有一個小小的代表處。小麥先生一定會要大量徵召亞太地區的人才。」丹昆沒有讓我插話，自己一股腦地說著。

看著他略帶孩子氣的表情，標準金髮碧眼，一臉美式陽光的臉頰，我心裡想丹昆既可愛又可憐。美式的天真爛漫，有話直說的風格，他大概是覺得自己可以跟著小麥先生一起跳槽，不需要再受台灣地頭蛇們的鳥氣。可憐的是他竟然只能對我這個小咖傾吐心事，他沒有自己的班底。

「小麥先生當初由一家食品公司跳進華爾街，憑著之前大宗農產品的期貨交易經驗、天生對數字的敏感，在很短的時間裡，就把金融交易的門道摸得一清二楚。接著攬權奪利，在紐約高層撕打踢鬧，完全顛覆了華爾街交易的操作模式。在紐約的金融高層，他是個異類，一個桀驁不馴的牛仔。但一旦被他相中，收納成為他的子弟兵，就可以跟著他吃香喝辣。」

丹昆口沫橫飛地敘述著。

「他一直號稱跟著他的都是所謂的『天選之人』。如果跟著跳槽的話，先是拿一筆可觀的簽約金，外加兩到三年的保證年終獎金，底薪也至少調高一倍。輕輕鬆鬆就可以拿到比現在的待遇多五倍的收入。」

他停不下來，愉快地說著。

「我來台灣就是小麥先生欽點的。我猜他很快就會和我聯絡，我會開口調去香港，由那兒發展大中華業務。到時候，我會把你拎上，咱們一起去大展鴻圖！」最後的總結，壓抑不住他的興奮。

//

一個月過去了，丹昆沒有再來和我說什麼有關小麥先生的事。我當然也非常識相，他絕口不提，我就當作沒事發生。他之前所講的話，也是煙消雲散。

但是小麥先生對於「天選之人」的遴選、挖角動作，沒有停過。自從那個星期五宣布之後，三天兩頭就爆出紐約東京倫敦的某個人、某個團隊，隨小麥先生跳槽而去。

丹昆也不是什麼省油的燈，我隱約知道他藉著業務需求，曾經去過東京、倫敦，是否與小麥先生會面不得而知。但他在鴨子划水，一方面希望自己成為小麥先生的天選之人，一方面也在利用這個人事動盪的情況，為自己在原來的東家爭取到比較好的職位。

又一個月消逝，小麥先生的電話似乎沒有打來，丹昆的神情多少有點落寞。但他還是爭取到一個跨港台業務主管的新位子，號稱一半的時間放在香港，一半的精神放在台灣。

跨國金融機構在重量級人物如小麥先生跳槽之際，就是多事之秋，一方面要防堵人才流失，一方面也是在組織上做出重大調整，重新布置隊形再出發。丹昆雖然年輕，可是也深諳其中的奧妙，他乘機為自己打造了一個新的工作環境和業務範圍。

之後的半年，人事依然動盪，但丹昆開始如期穿梭在台、港兩地。聽說他的算盤是自己先在香港租間高樓層海景公寓，家人仍然留在台灣，享受青山綠水的別墅生活。外派人員同時租賃兩間寓所，是個大忌。我猜丹昆是遊走於灰色地帶，因為他兼顧台、港兩地的業務，所以必須在香港也有一處落腳棲身之地。當然，不住五星級飯店，另外租個高檔公寓，究竟為銀行省下多少錢，見仁見智了。

陸陸續續地，亞太地區仍有人追隨小麥先生的腳步離職。紐約的總裁決定親自飛到香港，把亞太地區分行的關鍵人士召集起來，吃頓晚餐，目的應該是要安撫騷動的人心，御駕親征來解除小麥先生所製造出來的人事紛擾。

這場晚餐的受邀出席者，擺明了就是東家最珍惜的人才，是銀行不可或缺的重要夥伴。但是從另外一個角度來看，這些仍然留下的人，並非小麥先生的天選之人，是不受青睞的一群人。更直白地說，就是拿不到跳槽之際所衍生出的巨額金融待遇的魯蛇。

「嘿！你跟我一起去見總裁。我今天下午會先去香港，明天你一定要到場。台灣只有我們兩個人，我提報你的名字，並且一再強調你的重要性。」丹昆臨出門去趕飛機時，特別繞到我的辦公室來叮嚀一句。

我知道所有人都在盯著丹昆，看他會找誰去香港出席這場重要的餐會。叫我去，無非是挑明了他對於台灣地頭蛇們的不滿，同時也是要炫耀他在紐約總裁面前的分量。但提報我去赴這場總裁的餐會，等於在藐視輩分比我高的台灣同事們。這種挑釁的行為，多少會埋下一些惡果。

飛機即將落地時，望著窗外貼近跑道的九龍海濱步道，我心想亞太各分行的菁英，抑或是掉落於小麥先生天選之人名單外的魯蛇們，大概也都是在這個下午紛紛抵達香港。不知道這些人的心情是否和我一樣，震盪在「天選」和「魯蛇」之間。

退一步想，如果不是丹昆硬扯我入局，我應該是沒有什麼輩分來吃這頓菁英摸頭大餐。姑且就當作是來跑個龍套，順便去置地廣場那家高檔音樂店抓幾張光碟，不枉這趟香港之行。

「你來的飛行途中順利嗎？好像每家分行只能派兩個人參加，共八間分行。我們這十六個人，應該就是紐約最看重的人了。」一步入餐廳前，丹昆和我不期而遇，他貼近我小聲說著，不等我答腔，又繼續叮嚀：「反正那麼多人，紐約總裁也不會完全認得每個人，你就有問才答，千萬不要自作主張發言。他不過是來安撫人心。在這種大拜拜餐會，宣示效應大於任何實質的討論和承諾。記得，沉默是金。哦！不要忘了配戴職員識別證。」

一張碩大的圓桌，每個座位前置有名牌——仔細看看，這個座次的安排是有用一點心機，把來自同一間分行的人，分配在桌子的對角線。不知道是紐約總裁的意思，還是他的幕僚刻意要讓參加的人可以多和其他分行的人交流。當然，這樣的交叉入座方式，也就避免了亞洲尊卑長幼的僵化座秩儀軌。

禮貌地和鄰座交談，假裝關心一下對方的工作環境、個人生活品質及當地的市場狀況。在低沉的話語聲中，紐約總裁穿著高雅又合身的西裝，精神煥發地大步走進來，沿著桌子，一一和每個人握手寒暄。他技巧地瞄著我胸口的識別證，親切地叫著我的名字，說他一定要找時間去台北看看。這種美式的外交詞令，我領教甚多，了然於心，他只是隨口說說而已，下一秒鐘，他就忘記我是誰了。

中西合璧的餐點，中式料理、西式上菜，各自吃著端到面前的東西，沒有桌上轉盤的麻煩，也不必擔心因為夾菜而打翻紅酒杯。一桌子人文雅地低頭吃著。

紐約總裁是場子的主人，先是一番開場白致詞，再舉杯邀大家共同慶祝銀行今年在亞太地區的輝煌業績。對我而言，這是千篇一律的官式流程，大家假裝紐約總裁的亞洲行，與小麥先生的挖角刨根完全無關。

相較於其他分行，香港和新加坡這兩個英國殖民地培養出來的金融人才見多識廣，英語表達能力也是母語的水準，席間與總裁談笑風生，你來我往，至少化解了許多尷尬的冷場。

香港之前的一把手鄺俊英已經被小麥先生列為天選之人，半年前飄然離職，帶走了一票厲害角色。這次坐上這張桌子的兩個港仔，應該是在天選和魯蛇之間糾結嚴重的一雙活寶。

「哦，我好奇地想問一下，去年才為了鄺俊英要求可以體面宴客，我們紐約特別批准一項預算，以天價替他租的那幢半山豪宅，在他離職後，我們怎麼處理？」紐約總裁不經意地看著兩個港仔，好奇地問著，但犀利的眼神透出冷光，明確表示出這位總裁是個鉅細靡遺的管理者，對於奢華租賃一事耿耿於懷。

「那幢半山海景豪宅仍然空著。由於租金昂貴，一時找不到接手的人，但如果立即退租，預付了三年的保證金會被房東沒收，所以我們暫時按兵不動，先觀望一下。」其中一名年紀稍長的港仔，操著略帶牛津腔的國王英語熱切地回應。

「那你為什麼不搬進去住呢？」紐約總裁半開玩笑地問。

「一個分行經理去住在那麼昂貴的房子，當初我就覺得過頭了。在香港宴客的方式很多元化，其實請客人去鯉魚門海鮮市場，可能更合乎大家的胃口。」另外一名年輕港仔忙不迭地回應，並補殺鄺俊英一刀。

「不過，我自己買的公寓離那幢豪宅不遠，我每天都慢跑去繞一圈，看看有沒有什麼問題。」一年長的傢伙再添油加醋地補上一句狗腿的贅言。

新加坡的頭號人物何天益被安排坐在總裁的右手邊。做外匯交易出身的他，曾經調紐約、東京，為人處事幹練簡潔。大家都在納悶，為什麼他會落在小麥的天選名單之外。可以解釋的原因之一是，可能他覺得小麥先生拉走了一幫子厲害角色，亞太地區鬧空城計，自己這號悍將留下來，反而大有可為。

「丹昆是你的老闆哦？聽說他一個老美在台灣，業務方面吃不太開。但因為是洋人，你們在台北郊區幫他租了個獨棟別墅，依山傍水，十分氣派。這種開銷和台北分行的利潤相比，不成比例的。」何天益的副手正好對角跟我坐在一起，突然湊上來跟我八卦一下。

我抿嘴一笑，懶得多看他一眼。我知道這些新加坡仔一定常常和台北的老樹黨互通有無，尤其是打心眼裡討厭丹昆這種小老美憑著白皮膚，硬跑來亞太地區吃香喝辣，享受特權。

「聽說丹昆的老婆認識那幢別墅的房東，中間還有一些暗盤回扣，抽回一點租金納入自己的口袋哪！派到亞太地區的老美如果娶的是當地出身的老婆，常常會幹這種勾當。泰國、馬來西亞、印尼和菲律賓都發生過哦！」

看我沒有什麼反應，短小精幹的新加坡仔再一次試探。

「你和丹昆共事一陣子了，你覺得他真的有本事罩港、台兩地的業務？我認為何天益才應該兼管新加坡和香港。我們新加坡和你們台灣人的語言、文化相近，大家合作起來，鐵定比一個紅毛小老美有效率。」

也不顧我有沒有搭話，新加坡仔緊接著說下去。

「哦！還有一件事，香港的人事部門也透露，丹昆居然還叫他們為他在香港租了海景公寓。外派人員同時用公款租賃兩個居所，一處在台北、一處在香港，這是嚴重的違紀行為。」

這種咄咄逼人的對話，讓我有不祥之感。本來以為自己只是閒閒一個龍套，來吃輕鬆大餐，顯然是嚴重的錯估。

遙望坐在大桌對角遠方的丹昆，渾然不知事態嚴重的他還在那邊有說有笑，愉快得很。

何天益的矛頭果然是對準丹昆。幹掉丹昆這個小老美，才能成就他一統亞太的雄心。我到這個節骨眼上，才明白丹昆過去幾個月以來，千方百計要擠上港台業務平台，也是乘小麥先生之亂，先下手為強，為自己鋪路。丹昆的作為，擋到了何天益。

「你有慢跑的習慣嗎？」無預警地，何天益突然隔著大桌，調高音量，仰頭似笑非笑地問我。

我和何天益從來沒有打過交道，我甚至懷疑他知道有我這個咖。論資歷、工作層級和客戶群，我和他完全沒有交集。之前在亞太的一些會議場合，他高高在上，連咖啡休息時間，也不曾和我有過對話。

「我沒有慢跑的習慣。」我略為不解地回應。

「那我倒是誠心地建議你要開始培養慢跑的習慣，這也是你未來工作範圍內的要求。」

「這個建議挺有趣的！你為什麼會如此建議呢？」紐約總裁在百無聊賴的餐會上，赫然發現一個有趣的話題，便興致勃勃地問著何天益。

「如果香港有人為維護銀行出大錢租賃的豪宅，而每天慢跑去查看，那麼台灣也應該有人要如法炮製，照顧一下我們在那邊租的別墅。」何天益操著新加坡招牌英語，調侃地回答。

接下來的戲碼就更精彩了——何天益無意對全桌的人解釋他的說法，只是略微傾向身旁的紐約總裁，兩人頭靠頭地輕聲細語交談起來。何天益時而用手遮著嘴淺笑，時而點頭同意總裁的話，這樣完全無視同桌人的存在，持續了將近十分鐘之久。既然何天益在極大化自己被安排在紐約總裁身邊的優勢，扣住兩人的私密話語權，其他人也就識相地低頭用餐，讓這個慢跑的話題自然消退。

遙望桌子對角的丹昆，他的美式陽光已被面色如土的表情取代，只是微微點頭向我示意，就又若無其事地繼續用餐。

「你不會有事的啦！丹昆是你的上司，他兩地租賃的問題，自己要扛。除了房租回扣，負面的小道消息也很多。小麥先生當初力薦他去台灣，根本是和銀行本土化的政策背道而馳，如今沒有延攬他一起跳槽，可見小麥先生是個知錯能改的識人好手。」何天益的副手直接切入核心地評論著。

//

隔天一大早，我收到一封電子郵件，紐約總裁的祕書發送來的。信中告訴我受邀下午與總裁一起搭車去機場，總裁的行程緊湊，請我務必要配合調整航班，總裁希望在車上和我討論一些重要的事。

前一晚的鴻門宴上，目睹何天益用香港的案例，借力使力地將丹昆萬箭穿心，我驚神未定，現在被要求和紐約總裁同車去機場，我心想：這不是押我上囚車嗎？

坐上旅館的貴賓接送禮車，總裁的高級古龍水、漿挺白襯衫與熨壓如刀片般銳利的西裝褲，已令我震撼不已，不知道要怎麼熬過這半個鐘頭的車程。

「我知道你一定奇怪為什麼我要你來共乘。沒有什麼大道理，就是為銀行省一點交通費！」

紐約總裁開懷大笑，對自己的幽默非常自信地說著。

「喏！這個信封裡有我個人給你的一份保證：年底前你不離職，就有一份比去年多一倍的年終獎金。不是每個人都有這樣的待遇，你回去再仔細看看內容。」

砸下了這顆銀彈，紐約總裁開始仔細訊問台北分行的許多細節。他是有備而來，應該是有人已經為他準備了充分的資料。

業務面問完之後，機場就在眼前，他臨下車之際，伸手跟我握別，丟下一句：「我絕對不會要求你每天慢跑去查看什麼別墅。但是，日後類似兩地租賃、收取回扣的問題，你是我們銀行在台灣的守護者，你可以直接把你觀察到的異常現象報告到我這裡。我不要一個慢跑人，我需要一個耳聰目明的守護人。」

一個月後，丹昆以家庭因素和子女教育考量，辭職搬回美國。北投別墅的房東在退租過程中，也沒有太刁難。

在「慢跑人」和「守護者」之間的角色扮演，在「天選」和「魯蛇」之間的震盪中，我渾渾噩噩地埋頭工作，盼望在年底時，能拿到那份年終獎金。

「我說了算。」

外籍總監不時從香港飛來「關切」業務，
反而讓台灣團隊綁手綁腳。
面對控制狂上司，
身為台灣區負責人的他巧妙地借力使力……

「我說了算。」

飯店大廳裡，眼前的男人背對著黃昏的刺眼斜陽，舒適地坐在扶手沙發上。他滿臉堆著笑容，操著矯揉造作的牛津腔英語說：「我是個控制狂，大小的事我都要知道，而且我這種管理風格，也是這家基金公司創辦人最讚許的！」

經過近兩個月繁瑣的面談過程，由亞太區域中心的香港，到國際總部的倫敦，再橫跨太平洋去全球決策中心的波士頓，我被安排見了不下二十多位各部門的主管，光是跨洲的商務長途飛行和五星飯店的費用，就所費不貲。

這一輪工作面試令我兵疲馬困，不過就只是一個台灣區負責人的工作，難道真的需要如此勞師動眾？

多年為跨國金融機構打工，厭煩其中疊床架屋的行政流程，不耐洋人趾高氣揚的管理風格，兩年前決定自行創業，結果是失敗收場。正好獵頭公司來問我有沒有興趣考慮基金公司的工作。我別無選擇，必須表現出興致勃勃的樣子來贏得青睞。有問必答，中規中矩地面對每一個與我對話的人，謹慎小心地遣詞用句，使盡渾身解數來證明自己的過往經驗和專業能力可以勝任這份工作。

當然更重要的是，務必說服這個跨國金融機構，我是幡然悔悟，心甘情願再投身回去為洋人效力。

「我也是個事必躬親的人，對每項細節、文件上的標點符號，也不輕易妥協。」我不假思索地脫口而出回應著，其實腦海裡仍在快速輪放兩個月面試過程的場景，交織著創業失敗的林林總總。

「但我希望在你上任前，我們有個共識：在台灣所有的事情，都是我說了算！」這位由香港特別飛來台北一趟的亞太總監深怕我沒有聽清楚似的，更直白地說了這一句。

故意讓我面對刺眼的陽光，自己好整以暇地坐在沙發上，直截了當地遞送這項最後通牒——我當然知道這個綽號「奇異果」的紐西蘭人在耍什麼花招，這種欺負面試

「我說了算。」

者的伎倆，強迫應徵者居於劣勢的座位安排，我了然於心。「人在屋簷下，不得不低頭」的道理，我清楚得很。

「既然如此，你為什麼要找一個台灣區負責人呢？」我明知故問地頂了一句。奇異果畢竟比我小了幾歲，被這記回馬槍刺中軟肋，急切地辯解道：「我已經兼任台灣區負責人快三年了，非常能掌握這個市場，但是台灣的主管機關一直脅迫我，規定我一定要聘請一個在地人負責。我和他們爭論了很久，這些該死的官僚，就是不肯妥協。」

「唉呀！真是令人失望。希望日後我們與主管機關的溝通可以比較順暢些，當然在重要的事情上，你的協助是很關鍵的。」我順勢敷衍一下，給奇異果戴頂高帽子，企圖終止這個話題。

我清楚主管機關的心態。海外基金深受台灣投資人的喜愛，跨國基金公司在台灣販售的業績，遠遠超過本國商品的提供者。官僚們用盡各種行政命令、實施細則的規範，一再希望可以壓制跨國基金的銷售量，以輔導本國商品，但是成效不彰。主管機關便以雞蛋裡挑骨頭的方式，檢視跨國基金的銷售行為，經常利用行政裁量權來處罰跨國基金的負責人。

一個住在香港的紐西蘭人若有什麼違規行為，台灣的主管機關拿這個外國人可是一點辦法都沒有，唯一的法寶就是規定這家跨國企業必須找個台灣人來負責，一旦違規就容易裁罰，這樣子殺雞儆猴的效果比較大。

經過層層國家考試才獲錄用的公務人員，由基層一路彎腰駝背地爬到金融機構主管的位子，他們的專業是用中文寫公文和墨守成規地解釋行政命令，完全規避、甚至拒絕和一個紐西蘭人以英語溝通，這是常態。我知道自己上任後，在「與官方對話」這點上，哪還有奇異果可以混的角色。

結束這場直球對決的談話後，奇異果心滿意足地站起來，和我並肩走去餐廳吃晚餐。

柔和的燈光下，我再次仔細地端詳這個奇異果。烏黑的卷髮蓋在一顆粗大的頭顱上，窄短的上額布滿皺紋，忿怒的兩道粗眉下，一雙銅鈴般突出的淺灰泛藍眼睛，配上毛細孔分明的寬鼻和厚實的嘴唇。真想問他對毛利人的哈卡戰舞有什麼特殊的見解，試探一下他的歐洲和大洋洲的血統比率是多少，但終究欲言又止地吞回去了。

我上班的第一天，奇異果邀我吃早餐，再一起步入辦公室。他要親自布達這件重大的人事任命，把我引見給全體員工，這是他宣示權威的必要行動。

應該是第一線的業務人員通知了各家代銷銀行，由電梯間大廳，一直到辦公室內的所有空間加上走道，塞滿了祝賀台灣區負責人上任的花籃。這是本地的習俗，也可算是洋人眼中的一項陋規。

「棺材在哪？」奇異果睜大眼睛，不可置信地看著這麼多花，並轉過頭來戲謔地問我。

洋人只有在喪禮上才會布置大量鮮花，我當然知道他的反諷，也只能聳肩，笑而不語。對於他的這種行徑，我是無可奈何，只能當是一種西方式的幽默來承受。

從我上任後，奇異果真的三天兩頭往台北跑。台灣的銷售業績傲視全球，他的熱切參與和關注，當然更突顯他的不安全感和恐懼被邊緣化的戒心。

相對地，我發覺台北分公司的人員，從面對直接客戶的理財專員、負責銀行銷售管道的輔導人員到提供法人機構專案投資的顧問，個個龍精虎猛，無論基金商品的專業知識、關於投資大環境的剖析，以及銷售話術和溝通技巧，都是一流的。尤其是當市場下跌時，如何安撫客戶焦躁的情緒、如何尋求解套方案，但堅守不承諾補償財務損失的底線，都拿捏到位。其他支援單位的人員也都是一時之選，整個團隊精簡，但勇猛無比。

「我覺得應該重新檢視一下目前的獎金制度。我們把在地的銷售人員養得太肥了，他們會恃寵而驕。」

「我覺得法遵人員對於銷售端的監控可以再加強一些。」

「我覺得你要固定抽查及監聽電話錄音，確實掌握我們人員和客戶的互動。」

「我所有的建議都是為了維護公司的商譽。我絕不能容忍長年建立的形象，在台灣毀於一旦。」

「在台灣這種短期投機的市場，交易和投資量如此巨大，一定要有人能夠扮演『找碴』的角色，才能防堵不可預期的災難性事件發生。」

無論是當面還是通電話，單獨討論或集體會議上，奇異果永遠都用這種語氣對我耳提面命。

迫於現實，我一如既往，虛應故事地回答，絕不表達反對的意見。心裡只是好笑：

「我說了算。」

如果沒有在地人員披星戴月地努力，哪裡可以爭取到如此龐大的市占率，為公司創造那麼多的基金手續費收入及管理費？

這位住在香港、享受國際一流生活品質的奇異果，哪能擺出類似英國大老的姿態，自己連一毛基金都攬不進來，卻不時飛到台北，趾高氣揚地扮演控制狂和找碴者的角色？

「我覺得這次的廣告文宣應該可以再明確，更直接地闡明我們在共同基金界的龍頭地位。」出乎意料地，不懂中文的奇異果，居然連中文廣告也要表達他的看法，我還真不知道誰給他做了翻譯。

但我終於逮到一個機會，為心中的策略撒下一個套路。

「所有的基金廣告，我們都事先送審，這是個不成文的默契。主管機關非常重視任何可能造成誤導的文宣。我們全球管理的基金總額隨市場而漲跌，分分秒秒又都有世界各地的投資人贖回、申購，何來一個絕對金額可以斷言龍頭地位？同業已不止一次告狀，主張我們不可以用這樣的方式表達。

「更何況境外基金是禁止做廣告的。目前你看到的這檔廣告，雖然含蓄，但已經達不少我們海外基金商品的存在，主管機關肯放行是網開一面，法外施恩了。我相信你非常了解這個極其敏感的問題。」我不忘灌他一口迷湯。

「你是負責人，應該要突破這個廣告受限的困境。要銷售共同基金，鋪天蓋地的廣告是深植投資人心中的不二法門。在他們猶豫不決，不知道該選什麼基金投資時，耳熟能詳的基金公司就是他們唯一的選擇。」奇異果立即交下一件不可能的任務，關於本地主管在基金廣告上的嚴格限制，他當然了然於心。

「你一直建議我要跳出框架思考，這真是太受用了！最近我也去向主管機關私下請益過，得到的答案是，如果我們這種跨國基金公司在台灣申請一個投資信託執照，就可以在台灣公開募集以台幣計價的共同基金，這是本土的基金商品，當然就可以毫無限制地做廣告。」

「是這樣嗎？這個執照要多少錢？」

「這個信託執照，大約是三百萬美金等值的台幣。」

「不便宜呀！」

「你真是個數字敏感的人。我們目前的投資顧問執照，只需要一百萬美金的等值台幣，換句話說，拿出三倍的資本，就可以突破目前廣告的框架。用三百萬美金，來換取海闊天空的廣告創意，所有的境外、本土基金商品都可以包括在內。相信你非常內行，以後如果繳回執照，為了申請執照而投入的這三百萬美金資本是可以拿回來的。況且過去多年來，在你的英明領導之下，以我們每年在台灣的獲利，不要半年的時間，我們就可以回本。」我把一切榮耀歸於主子的狗腿話，非常流暢地說出。

奇異果聽完之後悶不吭聲，不知道在盤算什麼。

「我會把申請信託執照的草案充分準備好，明列所有的正面及負面因子、財務預測模型，當然更重要的是說明這個執照可以挹注的廣告效益，由你來做最後的定奪。有一點，我必須現在就說清楚，這份草案一定要以你的名義提出，沒有你的支持和掛名，這件執照申請不可能成案。」

我再一次用狗腿的方式，把一切榮耀歸於奇異果。

後續發展如我所料，奇異果拎著執照申請的草案，一路過關斬將，拿到波士頓的最後同意。

捧著三百萬美金來台灣做生意，主管機關心花怒放，我們的信託執照輕鬆到手。只是在辦公室的牆上多掛一面「信託公司」的招牌，就開張營業。

國際的共同基金募集是採取緩慢而漸進的方式，沒有時間限制，也沒有金額的最低標準。但本土共同基金的募集有一個非常不合理的期間限制——必須在兩個星期之內，募集到六十億新台幣。

對於本土共同基金的首次募集程序，奇異果十分慌張。

「我幫你把波士頓的執照申請許可弄到手了。兩個星期內募到六十億新台幣，我覺得這是你的責任。」

又一次如我所料，奇異果把基金募集的責任推到我頭上。他去爭取到三百萬美金的信託執照資本金，已經完成我驅趕他一馬當先的任務，要在限制期間內募集成功，當然不是他可以完成的使命。

本地的銷售團隊在期盼這份即將到手的新執照之際，早就自動自發地譜出一份戰情分析圖表，精準地預估直銷客戶群的投資金額，掌握了銀行代銷管道的動能及專業法人機構的參與意願。

//

「這次的年終業務檢討會開始之前，請大家站起來，為台灣區負責人鼓掌致敬。他的團隊，在半個月內募集到兩億美金的投資金額，讓我們在台灣的第一檔本土共同基金風光上市，這是一個史無前例的里程碑！」

倫敦主宰國際業務的一把手，居然在這個重要又非常嚴肅的場合，提出這樣一項動議，一反他英式冷酷管理的常態。

我故作驚訝又略帶靦腆地假仙一番，微微躬身向左右點頭答禮，心裡想著，這幫洋人還真是外行，兩億美金中，至少有三成在新基金半年的閉鎖期結束後，都會奪門而出。這些投資者都是賣面子給台灣第一線的業務人員，才掏錢來共襄盛舉。

刻意瞄了一下也來倫敦開會的奇異果，他上額的皺紋刻畫得更深，兩道濃眉緊蹙成一線。

之後的咖啡休憩時間，他晃蕩在其他各地來開會的人群之中，完全沒有搭理我的意思。

「噢！這麼巧，我們乘同一班電梯。嘿！再次恭喜你，台灣第一檔基金募得如此漂亮。」基金公司創辦人的女兒是個非常陽光的美國女孩，身為未來接班人的她，自己扛著厚重的行李下樓吃早餐。

大夥都是在會議的第二天早上就退房，等中午議程結束後，各奔機場回家去也。

「我幫你提這個大衣袋吧！」我禮貌地提議，在倫敦尤其要展現一下英式的紳士風範。

「不必，不必，我自己扛得了，不重。我們找張桌子，一起吃早餐吧！我很想多知道一些台灣的情況。」

身為一位管理上兆美元的基金公司接班人，仍然低調且平易近人，絲毫沒有架子，提出的問題都是拳拳到肉，我們聊得十分愉快。

「我可以坐下來，一起用早餐嗎？」

不知道什麼時候，也沒有注意到從哪裡冒出來的奇異果，渾身灑滿了超額古龍水，不等我們回應便一屁股坐下來，也不管我們原本的話題，他就湊近女接班人，逕自敘述起當初如何去波士頓爭取到三百萬美金的執照金額——他是來行銷自己的！我也立即在早餐桌上，幻化成隱形人了。

//

「真是不好意思，請你跑一趟。上面的長官交代要轉告你，貴公司自從兩年前募了第一檔本土基金之後，就一直沒有再籌劃第二檔的推出。可是你們利用第一檔基金鋪天蓋地打廣告，隱含了所有海外商品的宣傳，這是打擦邊球的做法，我們已經觀察你們很久，這種投機取巧的方式，我們不再容忍了。你要回去規劃第二檔基金，希望在三個月內拿來送審。」一表情僵硬的組長，對著我照本宣科地下達高層指令。

奇異果知道官方的態度之後，並沒如以往那麼反彈地認為主管機關管得太寬，反而說：「既然主管機關有這樣的要求，我們一定要尊重。開始編列廣告預算，推出第二檔基金吧！上次為了執照忙碌，我沒有花太多時間在募集的細節上，這個第二檔，所有的事情都是我說了算，我要知道每一個環節。」

我猜他比較在意的是自己在第二檔基金上，可創造的功勳。

在募集開始的兩週前，奇異果的腎上激素滿載，亢奮不已地對我提醒著：「我每天都要看戰情分析表，最好是上午一次，下午一次。基金募集一定要盯得很緊，我也會親自來台北坐鎮指揮。你知道我是個控制狂！」

可想而知，他的腦袋裡應該想著年終的倫敦檢討會上，他將被指定站起來接受表揚的風光。

本地的第一線是實打實戰的精銳部隊，第一檔的經驗更是讓大家信心滿滿。唯獨每天都得陪奇異果審視投資金額，預估戰情表，大家都自我解嘲地說，英語會話課程浪費比較多的時間，占用了和客戶接觸的機會。

我非常識趣，退居幕後，去參加冷門的投資學術研討會、做校園徵才活動，只差沒有去長照中心發掘是否有募集資金的另類潛力。

「我說了算。」

運動酒吧裡，靜音的巨型電視螢幕突然切換成世貿大樓冒煙的畫面，一起買醉的大學同學把他的大肥頭靠過來，湊近我耳朵問：「怎麼回事？」

「你白痴呀！紐約曼哈頓的摩天大樓那麼高，很多私人小飛機沿著兩邊的河道飛行，高度還沒有這些大樓的一半，總有一些業餘的飛行員會把飛機撞上樓吧！小事一樁！」

我仗著自己曾經混跡曼哈頓多年的經驗，逮到機會就自以為是，老三老四地教訓一下夥伴，也把自己被奇異果擠壓的胸中壘塊一吐為快。

「哎喲！怎麼另外一幢世貿大樓也被飛機撞上了？是架七四七！」

「把音量調大吧！」

「這可能是恐攻！」

「代誌大條了！」

這次喊叫可是整屋子的人。

我的酒友用手肘強力推我一把，眼睛仍然盯著螢幕，頭也不回地說：「還業餘飛行員的小飛機咧……」說完，昂頭乾掉大半杯的白酒。

顧不得他的揶揄嘲諷，我腦袋裡閃過無窮又麻亂的費用項目：公車外牆的基金廣告掛布，電視、電台的廣告時段，報章雜誌封面底頁的全開文宣，五星級飯店的投資說明會……全部都已經預付，而且經過大半年的協商，排擠了其他競爭者的時段及版面，大家打得頭破血流，鼻青臉腫。這些昂貴的廣告費用是已射出去，回不了頭的箭。

更可怕的是投資信心問題！預計到位的資金、仍然在猶豫不決的客戶，這下子可有了縮手的最佳理由。

驚嚇之餘，當晚我便打電話給一位華爾街的投資專家。

「卡爾，你怎麼看這個九一一的恐怖故事？後市表現如何？我在台灣正在募集一檔基金，該不該照原定計劃繼續走下去？」

卡爾是我合作過多年的老夥伴，一輩子出沒在曼哈頓金融區的猶太人。他用紐約客一貫的急促口氣回應：「世貿雙塔是棟近三十年的大樓，早就過時了，光纖網路管線都拉不進去，現有租戶也不是了不起的企業機構，金融交易的備份也早都外移至新澤西州。恐怖攻擊下，死了很多人，固然是一樁悲劇！但是對於紐約曼哈頓金融的實質操作毫無影響。這起恐怖攻擊的象徵意義，大於實質上的衝擊。在全球股市下跌的情況下，不正是一個危機入市，千載難逢的好機會？」

「你是建議我勇往直前，照原定計劃開募嘍？」我再次向精明的紐約客確認，畢竟這是一個生死攸關的決定。

「你是台灣區負責人，第二檔基金是否如期開募，決定在你！」

奇異果應該是嚇傻了，事件發生後的第二天，才姍姍來遲地打了通電話給我。

危機入市！

再等百年，也不會有雙塔炸垮的恐怖事件重演，此時不投資新的基金，尚待何時？

我把這個邏輯，以口語詰問的方式，定調為第二檔基金新募集的宣傳主軸。其他的競爭對手全都龜縮，市場只剩下我們的新基金可買。

最後衝刺的關鍵兩週，奇異果有許多藉口不能從香港來台北親自督軍，反而給本地的業務人員更多時間去和客人溝通促銷。

最後，第二檔再次如期達標，成為市場上一支顯赫的危機入市，漂亮的標竿基金。

第二檔基金的資金全部到位的當天，奇異果翩然來到台北，意氣風發地再次坐在背對夕陽的沙發上，對我說：「當初我鼓勵由你自己決定是否要募第二檔基金，也是希望不要給你任何壓力。我在香港一直在監控進度，仍然是毫無鬆懈的。」

「完全同意！沒有你的真知灼見與強力支持，我們不可能募到第二檔基金的。」邊說著這番違心之論，我正撒下另外一個套路，正對著刺眼的夕陽，瞇著眼睛繼續說：「噢，對了！我要先告知你，下個月在倫敦的年終檢討會，恐怕我無法參加，因為台灣的主管機關規定所有的基金負責人，今年一定要親自出席他們舉辦的業界自律研討會。他們非常重視這個官方與民間交流溝通的平台。尤其我們是今年唯一在九一一之後，出來募集新基金的公司，我被點名要去做一場專題報告。」

奇異果喜出望外地回答：「你不能去倫敦，真是太可惜了！我一定會把這次恐攻後在台灣募集基金的經驗，與參與倫敦會議的人分享。」

打鐵趁熱，我接著說：「另外，上個星期我提出來的基金募集成功績效獎金，及提高業務員分潤比例的案子，不知道你是否方便這次去倫敦，可以幫我們爭取同意。」

「我已經看過你的提案了，金額都在我的權限之內，我說了算，不必去向倫敦請示。我現在就可以告訴你，就按照你的提案發放！」奇異果不假思索地回答。

索套瞬間抽吊倒掛，捕獵完成。

和奇異果並肩步出飯店大廳，走過對街去參加募集團隊的慶功宴。在夕陽的絢麗晚霞中，我邊走邊想，誰控制誰，誰說了算，還真難下定論。

「我說了算。」

「啊！這個，我很外行欸！」

大房與二房爭產，
家族經營的老牌銀行掀起慘烈內鬥——
最後，竟由一位外來的建商拿下董事長大位！

「啊！這個，我很外行欸！」

「啊！這個，我很外行欸！」

林金水用雙手微微支撐著桌面，身體前傾，對著所有董事們靦腆地說著。在掌聲通過聲中，這位新任命的銀行董事長沒有再多加解釋，頻頻點頭示意，又靜靜地坐下。

林金水被推舉為董事長的這一刻，是掌控大股的柯氏家族中，大房與二房爭產，引進市場派介入，掀起了半年多腥風血雨的鬥爭。對其他的董事們而言，則是劃下一個句點。

對我，卻是個晴天霹靂的結局！

昭新銀行是一家小而美的金融機構。在二戰結束前是具有相當規模的互助合作會社，提供台灣中小企業融資。戰後，改制為信用合作社。銀行執照開放後，蛻變為一家商業銀行，一路穩紮穩打，存款客戶扎實，對於放款的風險控管謹慎，在北台灣享有好口碑。當然，柯氏家族幾代對於政商關係的經營更是重要關鍵。

三年前，由我一手主導，強力說服紐約總行，台灣銀行的零售業務及財富管理大有可為。透過和柯家年輕一代經理人的互動，在彼此理念一致的情況下，我任職的美國銀行透過多重管道，挹注了相當重要的一筆資金，成為除了柯氏家族之外，昭新銀行第二大的股東，合計掌控昭新銀行近四成五的股權。

「什麼地方還在領號碼排隊？區公所！台大醫院景福門診、外交部領事事務局核發護照，都可以支付額外費用來得到優先服務。銀行不應該對客戶一視同仁，存款的多寡、持有投資商品的價值都是參考數據，可用來提供差別待遇和優先服務的基礎。」這是我經常在董事會上慷慨激昂的喊話。

「引進人工智能系統，用人臉辨識功能提醒理專即時趨前招呼大客戶。在開戶申請書中，同意接受這項功能的條文也要輕巧地植入，以免日後發生肖像權糾紛。」擔任總經理的柯家大房長子，和我一搭一唱地配合著呼應。

柯總和我有遠大的目標，關於如何充分利用科技來提升服務，如何擴大放款模式、兼顧風險控管，如何招募人才，給予持續的在職培訓，如何建立昭新銀行在北台灣的特殊地位等，我們有很多事想要做，很多計劃要去進行。

但林金水上任董事長，讓柯總的存活瞬間成為一個未知數，我在董事會被視為金融專家的地位也蕩然無存。股權結構制度的重要性就是少數服從多數，通透的金融民主表現。

〃

「早安，我是秀慧，林董的特助。我們之前有見過面，但我想你應該沒有什麼印象，我可是非常景仰你的專業！林董想問你什麼時候方便，他要過去拜訪你。」

禮數上，當然是我隔天立刻小跑步去見新上任的董事長。

「不好意思，麻煩你跑一趟。你是專家。銀行，我是外行欸！應該要早點去看你，跟你請教。」

林金水客氣地說著，一邊提醒秀慧去泡他珍藏的凍頂烏龍茶。

「我家在坪林種茶，從小就在山上做茶工。書不會讀，初中沒有畢業，又不想在鄉下待著，就跑來台北工地打零工。磚頭、水泥、鋼筋我摸得清楚，幫人起厝蓋房子，我比較內行啦。銀行，我外行欸！」

「董事長，你太客氣了。有你來出任，股東之間的爭議可以平息，昭新銀行可以大步向前邁進。」我也只能這樣回應。

林金水啜了一口茶，非常滿意地點點頭說：「這幾年，營建業世道暢旺，我有好幾個案子，地點非常精華，朋友捧場來參股我的開發團隊。我其實沒有缺錢，銀行也借得出來，但我就是愛交朋友，沒有辦法拒絕。柯家上一代和我也有交情，那個柯老三堅持要涉入房地產，說金融和不動產息息相關。沒想到後來柯老三的資金跟不上，又執意留在開發商裡頭，就捧著自己名下昭新銀行的股票來押給我。董事會召開之前，我一直叫他把股票拿回去，他不理我。我糊裡糊塗地手上就握了一堆昭新，結果被推出去當董事長！」

我心知肚明林金水的這番言論，無非是明確地告訴我，從二房柯老三的質押，他擁有過半數的優勢。而且順便闡明他並非在市場上偷偷摸摸地收購，不是循旁門左道來進駐昭新銀行的董事。

當然也同時確定我知道他在不動產業的位階。

金水董事長上任一個月後，透過特助，安排我和一系列來應徵的高階經理人面談。見面談話是一個形式而已，我知道最終的人事權不在我手上。

接著就是大幅換血，除了架空柯總之外，所有一級主管都是新人，老的團隊自求多福，悄然離去。

「對於你同父異母的三弟柯老三的財務狀況，你完全沒有掌握嗎？他怎麼會把二房的股票全部押出去？」意識到柯總的位子不保，我忍不住對著愁眉苦臉的他抱怨。

「銀行我外行啦！你可以花時間面試新進主管，真是非常有用。一切都要靠你的內行專業！」

每一次在董事會結束後，金水董事長都來跟我道謝一番，但是關於要如何調整總經理的職位，他始終沒有秀出最後的底牌。

答案終於揭曉：新總經理的任命在董事會上無異議通過，過程平順，只是把特助秀慧取代柯總，跌破大家的眼鏡。

秀慧四十出頭，精明能幹，一路隨侍在林金水身邊。從幾十年前的小建商開始，成功推出許多經典建案。生地標購，都更重建，平價住宅到百坪豪宅，秀慧表現在外的特助拘謹，仍然掩蓋不住內在的剽悍跋扈。

我最後的戰友柯家老大稱病請辭，為自己留下一點面子。

「利潤優先，我們應該先賺錢，再花錢升級系統，這樣子才對得起股東呀！」金水董事長在秀慧上任的第一次董事會上，跟所有的董事們宣示，這也就是終結了當初我想要做的許多人工智慧、人臉識別功能的系統方案。

新招聘來的一級主管，幾乎清一色都是土地融資和建物融資經驗老到的放款高手。好漢來自四面八方，但是每一個人的筆電中，都有完整的地籍、地目資料與最新的市場交易價格。

每個月提報董事會的放款審查資料，八成都是大型不動產的相關融資案。秀慧提報，一級主管備詢，金水董事長精準發問，明確地指示對擔保品的要求——一齣排練完美的演出。包括我在內的董事們，都是循規蹈矩的橡皮圖章。金水董事長「外行」的口頭禪，不再常用。

「我們銀行的不動產放款比例已達上限，所以今天要來董事會提出一項新的金融商品：我們要和一家投資信託公司，聯合成立一個不動產信託基金，將我們銀行融資的商用不動產中，有租金收入的建物，一併納入這個信託基金，然後再由我們銀行的理財人員向客戶推薦這個信託商品。這樣子，可以把不動產收益分配給一般的小投資大眾。」金水董事長禮貌性地徵詢其他董事的意見之後，總結一下，拍板通過。

在這項市場上第一檔推出的不動產信託基金內，除了昭新銀行融資的案子，金水董事長當然也把自己旗下所擁有的商用不動產一股腦地包裹進去。換句話說，他的不動產被這個不動產基金收購，原來投入的本錢就輕易地回收了；而不動產衍生的租金，只有一半分享給投資人。這是一種精巧的商業安排。

不動產信託基金的專案成功後，秀慧和金水董事長又緊鑼密鼓地推出新的策略。

「除了大型營建開發案、不動產信託基金之外，昭新銀行應該專注於發展軍公教的房貸市場。軍公教人員工作穩定，收入來源可靠，他們一輩子最大的消費就是一幢房屋，不會借錢不還。金融我外行，但是蓋房子給別人住我在行。我相信軍公教是一群非常值得信賴的放款客戶。」

沒有人可以反駁金水董事長這項新的業務方向指示。

「銀行我是外行，只是不動產業，我比較熟悉。有你這位行家在董事會把關，秀慧的提案，你們一定要仔細審查一下，我只是盡一點心力而已啦！」每次董事會結束後，金水董事長都會笑嘻嘻地對我撂下這一句話，我聽了五味雜陳。

金水董事長用昭新銀行的存款，去融資自己「內行」的不動產開發案子。因為他擁有超過一半的銀行股權，所以借款所負擔的利息，有一半又回到他自己的口袋裡。設立不動產信託基金，再推銷給銀行存款人，當初投入的不動產的本金可以從基金投資人身上回收，還可以兼收基金管理費用。提出軍公教住宅開發案，再專攻軍公教人員房屋貸款，更是一條龍的服務項目。

市場上唯一不解的是，在繁複的軍公教住宅開發案中，行政流程、各方利益衝突不斷，他卻都能在迷宮中穿梭自如，敏捷地取得各項許可及建照。

金水董事長一再宣稱自己是外行，我覺得他根本就是一個金融奇才！

//

識時務者為俊傑，我留在昭新銀行只是一個廢物董事，小賠的情況之下，把當初投資的股份轉讓給金水董事長，大家算是好聚好散。

之後的幾年，偶爾在新聞裡看到有關昭新銀行的消息。金水董事長的長子在華爾街工作多年後，返台接了總經理的位子。聽到這個消息，當然也覺得有點嘲諷而暗自竊笑，這位金融外行董事長，可終究培養出一位金融內行的長子來接班。

之後又有一則新聞：特助秀慧墜樓身亡，警方正在釐清是意外或自殺。些許的驚訝被較多的無感蓋過，我也沒有再去追蹤後續的報導。

//

「英商奧樂齊量販加超市要撤出亞太市場，包括台灣。他們正在徵詢有意接手的人。主辦這個案子的律師事務所已經在試探有意參加競標者，基本財務資料和報表都可以提供了。」負責併購部門的印度主管桑奇把頭伸進我的辦公室，挑著好奇的眉毛，似笑非笑地說著。他娶了個台灣老婆，又會講相當流利的中文，常自誇是個道地的台灣女婿，是半個在地人。

我當然明白他是個無事不登三寶殿的勢利鬼，知道我手上有幾家日本私募基金一直在台灣找巨額投資機會。英商量販加超市在台灣布點廣又精準，出售價值一定不菲，沒有五百億實力的人，不必來攪局。最可能出手的收購者，應該是口袋深、又在台灣有零售量販經驗的日本企業。

「你去把資料拿來，我先看看，再決定下一步。」我用禮貌又專業的緩兵之詞，先打發一下。

避免打草驚蛇，我先聯絡實力最雄厚的竹田私募基金。對方的反應出奇地正面，不僅要積極參與競標，並且要委任我們銀行為併購案顧問。五百億的案子，顧問費必然肥得流油。

「我們希望併購財務顧問的首要任務，就是幫我們找到一個合適的本地合夥人。零售業一定要有在地人的經驗及幫助，尤其是大型賣場的土地取得。」四平八穩的日本代表竹田在第一次的會議上，就先抛出這個要求。

「我有許多良好的關係，過去處理及經手過無數的併購案，我一定可以幫你們挑選幾個有潛力的合作夥伴。」一如往常，桑奇毫不猶豫地對著竹田代表誇下海口。

我既然已經把竹田的顧問契約簽到手，這一單所衍生出來的收入跑不掉了，也就樂得讓桑奇去主導後續的工作。只是心裡猜測桑奇在找本地合夥人上，究竟有多少本領。

先隨他去包山包海。反正到頭來，該落在頭上的苦差事，我也躲不掉的。

日本到海外的投資一向謹慎，諸多考慮，要求也繁瑣。投資前的審慎態度，加上資訊蒐集完整，竹田按部就班的行事風格完全在我意料之中。

「這次的收購分兩個層面：收購價格的分析與在地合夥人的遴選。價格方面，賣方提供的財務資料和要求的賣價，我們可以接受。比較棘手的部分是合夥人的遴選，麻煩你們多費心在這個層面。」在第二次的會議上，竹田代表很乾脆地明確點出我們財務顧問的工作重點。

「你千萬放心，我已經洽談並且挑選了五家有潛力的企業，讓你們考慮。我們馬上可以安排這些在地企業來和竹田投資做一對一的面試。會先把他們的資料整理起來，供你們過目。」桑奇胸有成竹地回應著，接著又笑嘻嘻地加上一句：「你們一定會非常滿意我安排的選秀大戲！」

在本地合夥人遴選上，桑奇完全沒有讓我參與。身為併購部門主管，他當然是理直氣壯地一把抓。在美國的金融機構裡，各自負責的業務範圍劃分清楚。這件五百億元的大案子愈少人參與，就可以減少來分食顧問費的人。我知道桑奇打的算盤是把我框在找到竹田投資而已，他要獨攬其他的功勞，當然最重要的是壟斷那筆顧問費。

但再怎麼算計，桑奇也沒有辦法找出合理的邏輯，把我屏除在這場選秀大戲之外。選秀大戲兩個禮拜後登場，最後一分鐘，我才被通知出席，事前什麼資料也沒有給我。我仍然好整以暇，帶著輕鬆、好奇的心去，想看看桑奇究竟找了什麼三頭六臂的在地企業。

選秀大會從早到晚，一整天時間要面談五家在地企業，各個都摩拳擦掌地輪番上陣。桑奇特別去敦北那家號稱六星級的歐式大飯店，包下頂樓陽光亮麗的會議廳，會場布置得寬敞、舒適，咖啡和茶點也是頂級規格。

首先登場的是一家非常有實力的電商龍頭，其次是一家篤實的量販業者，第三個上場的是台灣百貨大亨團體，第四個則是以殯葬業起家，財力雄厚又致力於積極多角化經營的企業。在限定的九十分鐘時間裡，每一個團隊都使出渾身解數，說得頭頭是道，有問必答，用強而有力的數據來佐證他們的觀點。

儘管有咖啡休息時間，中餐也是精緻可口，但前四個團體近六個小時的疲勞轟炸，所聽到的東西都是千篇一律，不外乎實體和虛擬通路的整合、手機支付功能等。這些教科書上都已經一再重複的經營模式，令我犯睏，呵欠連連。當然另外一方面也是對於桑奇的選秀安排，打心底地反感。

目送殯葬業團隊離場後，瞄了一下手錶，已經快五點鐘，黃昏時分尤其疲累。心裡想著再忍受最後一個團隊，就可以回家了，反正應該都是半斤八兩，竹田投資愛選誰就選誰。我們的財務顧問角色已經完成了，等著收顧問費就好。

「啊！這個量販業，我很外行欸！」

我本來正在低頭翻閱最後這個團隊「欣金冷藏倉儲物流營建工程公司」的資料，沒有抬頭看看魚貫進場入座的人。正納悶桑奇怎麼會看上這家營造公司，忽然聽到這個聲音——似曾相識，又極其遙遠的一句開場白。

金水董事長身體微微前傾，雙手支撐著桌面，對著麥克風，開始介紹他的團隊。他的頭髮比之前花白些許，鼻梁上架了付銀絲邊老花眼鏡，臉頰更豐潤有色澤，眼角略微下垂，福氣的獅子鼻和肥厚的雙唇，更襯托出他的謙恭有禮。

金水董事長畢竟是一個老教，即便看到我列席在竹田投資這一方，前面豎立著「財務顧問」的名牌，但他視而不見，完全沒有要來與我相認。我立刻會意過來，他清楚地知道這是一場選秀，公開、公正、客觀最重要。和我原本就認識，對他未必是一項加分。

「量販及零售，我外行。但是大賣場，物流、倉儲的土地取得，由工業用地改變成零售量販使用的捐地比率和申請流程，以及相關的冷鏈倉儲施工營造等，我們很內行。現有的實體賣場如何有效利用、如何改建為迷你物流轉運中心，我們有經驗。」

金水董事長非常有親和力地用內行、外行的對比，開始了他的破題介紹。

接下來的九十分鐘時間，他針對量販超市如何切入軍公教社區、如何拓展據點，完全由不動產業的角度，來彰顯在地合夥人可以帶來的附加價值。他的這個做法，和之前來參加選秀的團隊，迴然不同！

「金水董事長，非常感謝你自己來領隊，給我們一個嶄新的視角。最後只是有一個小小的問題想要請教你——幾年前，好像你個人有一些司法調查和法律上的糾紛。在遴選合作夥伴上，這一點非常重要，東京方面對這種事情，非常重視也非常敏感。」竹田投資的代表非常客氣地發問。

日本企業對於合作對象是否清白，非常重視。不過除非是選秀的最優團隊，否則竹田代表不會問這種尖銳又敏感的問題。換句話說，金水董事長的團隊，已經是日本人的最愛。

「這個問題由我來回答吧！以前金水董事長身邊的一名工作同仁，涉入軍公教住宅開發的賄賂案，那是她個人行為，後來因為畏罪自殺，所以這件調查就結案了。我這邊有一份最後的司法調查結案報告。」坐在金水董事長身邊的法律顧問是有備而來，應該早就預期到會有這一道問題，於是非常敏捷地站起來回答，並且把一份事先就已經準備好的司法報告呈遞上來。

「啊！這個，我很外行欸！」

「你當初怎麼會找到金水董事長的團隊？難道沒有先查詢他們涉及司法調查的問題？」隔天早上，我劈頭就去找桑奇詢問，心想他總算落了一個把柄在我手上。

「那個出意外的人是我老婆的表姊。我們知道案子結了，金水董事長本人沒有任何司法上的瑕疵。」桑奇淡淡地回應。

竹田投資和金水董事長的合夥團隊，非常順利地擊敗了其他競爭對手，買下英商奧樂齊。

這個天文數字的案子備受媒體關注。買賣雙方最後的簽約儀式，可以說是在鎂光燈下風光進行。竹田投資的代表一如既往低調地不接受採訪，在隨扈護駕下，匆匆離開。

桑奇以財務顧問身分全程參與，簽約結束後，揪著他的小朋友們，嚷著要去慶功，順便打了我的手機，問我可不可以到場一下。

在喧譁又鬧哄哄的運動小酒館裡，我啜著已經不夠清涼透徹的啤酒，隨意和併購部門的同事有一搭沒一搭地胡扯。我知道這是桑奇的場子，我該扮演的角色就是一個安靜的客人。

四面掛著誇張的大電視，棒球、籃球、美式足球的現場直播令人目不暇給，所幸都是靜音模式。

吧檯區的後面有一台小電視，播放的是即時新聞。不經意看到金水董事長在簽約儀式後，走出來被堵麥的畫面，我忽然覺得自己會讀唇語！

對著包圍四周的媒體記者，金水董事長開口的第一句話是：

「啊！量販超市，我是外行欸！」

「啊！這個，我很外行欸！」

不可以叫老闆

台北分行新進一位派自美國的職員。
望著他加州陽光般的笑容，台北負責人耳邊浮現告誡：
「那個傢伙非常離譜，你要有心理準備……」

不可以叫老闆

「什麼國際人才交流，其實就是把美國廢物送到亞洲！他們要送去你們台北分行的那個傢伙非常離譜，你要有心理準備。」紐約總行的年終檢討會議上，首爾負責人對我嘟囔一句。

「哎，你怎麼知道是誰？」我漫不經心地問。

「看吧！你剛才只顧著看自己的筆電。總行已經宣布交流名單和派駐地點。恭喜你，你的中獎名單是麥可．歐尼爾！」高麗胖子幸災樂禍地說。

我皺著眉頭問：「你認識這個人？」

「全銀行都知道這個傢伙。既有事實，多說無益，到時候你自己去體會吧！」

胖子站起身來，隨著散會的人潮外移。

//

「非常榮幸可以來到台北。我之前來過台灣旅遊，這次有機會和你一起工作，是我期盼很久的事。久仰你的業務能力及領導風格，我相信一定可以從你這位老闆身上，學到很多知識和管理技巧。」

麥可操著標準加州口音英語，字正腔圓，又有點諂媚地說著。

打直腰桿端坐在我面前的麥可，一個陽光燦爛的大男孩樣：濃厚的微卷金髮，秀氣的眉下嵌入一雙湛藍眼睛，高挺的希臘鼻，一口漂亮的大白牙，加上不時咧嘴大笑的雙唇——儘管人事資料上填了出生年月，但完全看不出來他已經四十出頭。愛爾蘭後裔特有的粉白皮膚，點綴微微的雀斑，讓他顯得和善又稚氣。

「歡迎你來，麥可，我們有很多地方要借助於你！對了，生活方面都打理好了嗎？」我循著例行公事地照本宣科一下，其實更擔心的是他的花費問題。

「噢，我和老婆商量過。兩個孩子還小，她希望先留在加州，離她的父母親近一點，大約一年後再搬來台北。所以我這一年先不租房子，待在旅館，這樣子吃東西、洗衣服都方便。我知道初到這裡，應該要花多點時間在辦公室。」麥可一派真誠地回應。

這種把戲早在我意料之中。五星級飯店的游泳池、健身房加二十四小時乾洗漿熨，絕對勝過以他的職務級別所能爭取到的住屋津貼。

「你的犧牲也很大，拋妻棄子來台灣這個不毛之地。你打算多久回去看家人呢？」我再假仙地關懷一下。

「和總行的人事部門溝通後，我們達成的共識是這樣的，既然我的家人沒有搬來台灣，所以在合理的範圍內，我可以每三個月回去探望家人一次。」

又是個老掉牙的花招。照理說，外派人員一年只能有一次全家回國探親的機會，由公司出錢。麥可把三個家人留在美國，而自己一年飛回美國四次，沒有吃虧，並且拿總行人事部門的同意來碾壓我。

「哇！一年飛越太平洋那麼頻繁，小心高空飛行的輻射線很多，對身體不好。」無奈之餘，我只能故意這麼打趣地回應。

拋開小老美來台灣揮霍的費用糾結，我聊備一格地探索工作相關的事情。「看來你手腳俐落，日常生活的安排都打理妥當了。那麼在工作方面，你有什麼特別的想法？」

麥可深吸口氣，眨眨眼睛，認真地對我說：「首先，我要由基層學習後勤單位的每一個細節，會計、風險控管、電子交易系統維護及稽核制度，熟稔這四大支柱非常重要。之後我要接觸業務面，與重要客戶互動，希望成為一名全方位的金融人員。」

一個普通的大學畢業生，過去近十五年間都是幹著一些阿里不達的工作，毫無專業可言。現在來到台灣，憑著洋人的先天優勢，就把台北分行當作是個可以自由揮灑的平台，任其翱翔。台灣人可以同樣被交流去紐約，接受全方位的訓練嗎？

吞下這口惡氣，我維持自己的專業態度和職位高度，平和地對著狀似天真的麥可，慢條斯理地說道：「語言文化可能是個障礙。你有積極進取的企圖心，我一定會支持，但還是要提醒你，台灣的法令規範很獨特，按部就班地朝你的方向進行可能比較務實。客戶接觸方面，大家都要謹慎，不要操之過急。」

「你說的真是貼切。語言文化真的很重要，所以我已經請人事幫我物色一位中文老師，我有信心經過密集的一對一教學，很快就可以充分擁有日常口語表達的能力。」

麥可恭敬地留下這個註記，禮貌地退出我的辦公室。

接下來的幾個月，麥可在各個部門都挑毛病，好像只有他最聰明。自己連基本的會計訓練都沒有，還大言不慚地要求大家花時間跟他解釋一些很基本的會計項目。他根本搞不清楚銀行現有的電腦系統，一口咬定會有駭客入侵，自作主張地從美國找了一名軟體業者來台灣架設防護軟體，結果影響到公司的電腦作業系統，反應時間變得非常慢，所有使用者都叫苦連天。

但礙於配合國際人才交流的大計劃，對於麥可的這些負面言行，我也無能為力，只能安撫抱怨的同事說：「跨國企業派洋人來台灣耍把戲，這是我們做洋奴的宿命，但本土企業也好不到哪裡去，老闆的兒子來接班，全家上下左右都在公司領薪水。比較起來，洋奴的生活可能比家奴好一點，大家就忍耐一下吧！」

手邊跨海的銀行併購巨案複雜難搞，跨時區的線上協調會議、回答私募基金的大小問題，我的手機幾乎是全天候待機，加上筆電裡的資訊、郵件，可謂目不暇給。當然，歐洲的私募基金投資者遠來台灣買一家商業銀行，他們的謹慎小心、鉅細靡遺的務實工作態度自是不在話下，加上所給豐厚的諮詢顧問費用，我必須全力以赴。

大案在手，我無暇顧及麥可捅出來的許多麻煩。即便耳聞他在許多公開場合，大放厥詞地批評我的管理風格，嘲笑並質疑我的業務能力，我也只能一笑置之，懶得花時間和精神去跟一個小老美較真。

然而在所有的紛擾中，唯一的花絮，是由他本人精挑細選的那位長髮披肩、身材曼妙高䠷的中文老師。除了年輕貌美之外，號稱在空姐時期就足跡踏遍全球，精通紅酒與美食，是個擁有高端生活品味的才女。可想而知，麥可在才女老師的認真教學之下，對學習中文有高度的熱忱！

更扯的是，在季底簽核員工訓練費用時，我發現一個天文數字，是才女老師的鐘點費。再仔細計算一下，她的努力教學時數等同全天候二十四小時，令我啼笑皆非，但也只能硬著頭皮批了。

///

「我覺得這半年下來，對台北的業務已經很了解，我對自己的進步很滿意，相信大家對我也十分肯定。在語言文化方面，所幸我的中文老師非常稱職，我已經完全掌握溝通技巧。尤其令我興奮的是，在文化和商業行為模式上，這位良師也不遺餘力地傾囊相授，我應該是個台灣通了！」麥可特別約了一對一的時間，在我面前大言不慚地宣稱。

見我只是點頭微笑，他得意地加碼說道：「我覺得應該進行與重要客戶的接觸了。我真是迫不及待要展現可以對台北分行貢獻的能力。關於你目前在處理的那件併購案，我應該加入這個案子。」

這種吹牛不打草稿的美式風格，我司空見慣了，沒有必要點破。但是侵門踏戶地闖進來，直接開口要參與這件併購案，我倒是沒有料到。不過換個角度思考，把麥可收納到我這兒，大不了放牛吃草，讓他自生自滅，但至少可以減少其他人繼續扛這個活寶的負擔。

「你這個主意，我來考慮一下。」我不置可否地先這樣回答。

他把我的回話當成是正面回應，身子前傾，壓低聲音對我耳語：「遠距婚姻是滿困難的，其實我現在是分居狀態。既然下半年不飛回美國，我打算把機票改到下禮拜去歐洲，一則可以去和你目前提供諮詢服務的私募基金先碰個頭，交換併購案的意見。另外告訴你一個小祕密，我的中文老師已經升格為我的生命夥伴，我們打算下週公務出差之外，順便去倫敦、巴黎度假。」

見過了再多世面，碰過再離譜的角色，坦白說，麥可真是無人出其右。

定睛看著他，半年光景，不知道是台灣油膩的食物浸潤，還是活在新的戀情當中，原本加州陽光照亮的俊巧臉龐和勁瘦身材，已被北台灣溼冷的東北季風，吹得完全走樣。

無論如何，還是那句老話在腦海翻騰：國際人才培育的大計劃，擋不住，也推不掉。我沉住氣，目送麥可大搖大擺地走出我的辦公室，只能阿Q精神地自我解嘲想著，憑他那點本事也弄不出什麼花樣，我自己小心謹慎罷了。

//

「有件事，我們考慮再三，一直不知道該不該對你提起。但是這項併購案已經進行到最後階段，你的諮詢和參與對我們非常重要，所以還是決定要跟你講一下。」

私募基金的併購專案負責人是個老實忠厚的德國佬，他近乎羞澀又靦腆地越過共進晚餐的桌子，低調地告訴我。

「你上次派來的那個麥可不止一次地在我們面前批評你。他自稱是總行派到台灣取代你的人，說你的表現一直備受爭議，導致台北分行的士氣低落。甚至還建議我們應該採取主動，把你從併購案撤換掉。」

不等我接腔，德國佬一鼓作氣地接下去說：「其實我們一直都在找適當時機，想問問你有沒有可能考慮加入我們的團隊。往後幾年，我們非常看好亞太區塊的經濟發展潛力，這個區域有許多值得投資收購的企業。」

聽到這裡，我從乍聽麥可背後插刀的警告中，稍微回神，看著誠懇的德國佬問：「這個建議來得很突然，我得好好思考一下，尤其是競業條款。我現在的職位是你們的併購顧問，若跳槽離開銀行，加入你們，有沒有法律上的問題？」

「哈哈！我們已經請教過律師了，銀行與私募基金並非隸屬於同一個行業，沒有任何法律問題的。不急，你慢慢想一下。」德國佬說完，有備而來地將一只信封沿著桌面推向我，接著說：「這是我們給你的雇用條件函，邀請你加入我們的合夥行列，負責亞太地區。」

看著這封有備而來的雇用邀約，我的心情很複雜，除了感激私募基金看得起我之外，也很感慨原來麥可在我背後插的刀那麼深，已經令第三方的人都在為我擔心，我自己卻還渾然不知。

沒有什麼徹夜不眠，第二天一大早就回覆德國佬，我的辭職信已經遞出，如果銀行不堅持我逛三個月的花園，拖延我上任的時間，我會立刻報到，準備上工。

「真是令人遺憾，我正準備好好和你一起做這件併購案呢，你卻在這個時候決定離開。我應該是最會懷念你的人了。」最後一天進分行，麥可貓哭耗子地來送行。

「是呀！真令人惋惜不能再共事得久一點。你的才華和專業知識，一定可以把台北分行提升到一個新的位階。」這種西方文明式的回應，我居然可以毫不結巴地講出來。

應該是意識到我是行將離去之人，可以過河拆橋地翻臉不認之前的從屬之誼，麥可沉下臉，仰頭歪視地對我說：「希望你離開後，不會在外面跟客戶或同業詆毀我個人，或是你的老東家。」

「台灣是個誰都知道誰的社會，金融業尤其狹窄。任何人離職之後，若對老同事說三道四或是批評老東家，只會讓人看不起。」我搖搖頭，沒有什麼情緒反應地回覆。

這個當下，其實我滿腦袋裡都是併購案中，應該如何依稅項和利率，去合理調整利息折舊與攤銷前利潤的總額。除此之外，私募基金合夥人分潤的優渥條件，更令我心神嚮往。我自己都驚訝，對於麥可的假惺惺和幼稚又無理的言論，怎麼一點負面的感覺都沒有。

不捨的是，丟下了原本的工作夥伴們。我在的時候，雖然不能擋住麥可的無理取鬧，但多少有些許牽制力量。我離開之後，他們得獨立應付麥可，必是一場苦戰。

其後的兩年，斷斷續續地聽到一些好笑的事：麥可先是把一些資深的老人趕走，招募自己的子弟兵——新將帶新兵，橫衝直撞，但即使每天加班到深夜，預算仍然無法達標。麥可便用一套「回歸」的理論，把他的挫折全都順理成章地推到我的頭上。

「好好笑！那個活寶麥可居然下令，同事之間，尤其是有從屬關係的人，禁止稱呼『老闆』一詞。他的中文老師兼生命夥伴告訴他，老闆等同boss，是黑社會的用詞，不適合用在白領階級的環境。從今以後，不可以叫老闆！」

一次小型聚餐時，一位仍然在分行任職的員工把這件插曲分享給另謀生計的前同事們。此語一出，大夥為之噴飯，笑得前仰後合。

⫽

在法蘭克福參加全球私募基金年會的最後一天，我收到一則期待許久的簡訊：信義製藥董事長邀請我一起去蘇格蘭打高爾夫球。這樣的舉動，表示爭取擔任他們併購顧問的機率大大提升！

我立刻安排隔天的年會結束後，由倫敦轉機去愛丁堡。

隔天，剛踏入法蘭克福與倫敦之間的短程穿梭班機，我執著登機證，胳肢窩下夾著讀到一半的書，正放眼搜尋座位時，安靜的商務艙，無厘頭地冒出一句怪腔怪調的中文招呼聲。

「老闆！老闆！怎麼這麼巧？是我呀！」

循聲仔細瞧著，有個完全陌生的洋人在向我揮手。為了不妨礙其他旅客的通行，我迅速找到自己的位子就坐後，轉身隔著走道對這個洋人點頭微笑。我猜他一定是認錯人了。但是剛剛明明聽到了洋腔洋調的中文？

這個洋老頭，居然站起來低頭問我身旁的旅客可不可以換位子，接著一屁股坐下來，和我握手說：「太巧了！我們在這班飛機上碰到，已經快要六年沒見面了。我猜你一定是來法蘭克福開全球私募基金的年會。老闆，我是麥可呀！」

近距離看著這個似曾相識的人——「歲月不饒人」這五個字，活生生地刻印在麥可的臉上！頂上的漂亮卷髮消失了，取而代之的，是一片童山濯濯、老人斑滿布的腦袋。雙眼被下垂的眼皮遮蔽，雙頰下塌而削瘦，長期抽菸燻黃的牙齒，顯得凹凸不平。

「你看來精神煥發，還是那麼喜歡閱讀。你的老花眼鏡，一看就知道是日本職人的工藝。」麥可試圖找話題來消除乍見的尷尬。

在飛機引擎的干擾之下，隱約聽到麥可斷斷續續地敘述過去這幾年，在他身上發生的事。台灣的國際人才交流計劃喊卡，他被調到英國，以本地員工的身分雇用，被分派的工作是後勤支援與客戶糾紛排解。他和中文老師兼生命夥伴拆夥了，加州的老婆早已再婚了。

「在法蘭克福有一件嚴重的訴訟案，我現在每個禮拜都得飛一趟，真是個狗屎爛工作！」麥可咬牙切齒地說著。

奇怪欸！耳朵聽著麥可絮絮不休地喃喃自語，我心裡只是著急什麼時候可以再繼續看我的書，同時冥想著明天球敘時，該採取怎樣的策略爭取藥廠董事長的信心，贏得併購諮詢顧問的任命，又同時能專心征服那處困難無比的高爾夫球聖地。

所幸很快就抵達倫敦，看著他蹣跚而困難地側身離座，佝僂的身軀，真是不忍卒睹。

一起走到轉機出口後，見我朝愛丁堡航班的櫃檯走去，麥可驚訝地問：「你不回台北？去蘇格蘭愛丁堡？……哦！你要去打高爾夫球！」恍然大悟之後，他的眼神露出一絲羨慕，更顯落寞。

不想傷口撒鹽，我不置可否地聳聳肩，既不否認，也不肯定。

麥可很快地回過神來，伸手與我握別，雙眼注視著我，平靜地說：「很高興這趟飛行可以和你坐在一起。這巧妙的機遇，讓我有機會對當年在台北的所作所為，向你表達我真心的歉意。」

前往登機門的空橋上，腳步輕盈，不是因為陳年往事的致歉，而是可以在明天的捍衛戰中，優雅地搶下一單大生意。

接下來的這段飛行途中，我要舒坦地坐下來，翻開那本好書的新頁。

另闢蹊徑

跨國基金公司抗拒變動，
但深受新操作趨勢威脅，優勢動搖。
循著原路走，就一定安全嗎？
走上另一條新路，就一定危險嗎？

另闢蹊徑

「『品牌的形象』勝過一切，是投資者最關心的焦點，也是在五花八門的金融商品中，最有影響力的因素。」

「金融商品不同於一般消費商品，『投資獲利』才是最重要的考慮因素！」

「如何吸引投資者青睞的關鍵是對品牌的認知，『行銷與廣告』才是提升共同基金市場占有率的推動力。」

「大經濟環境的基本分析、靈活調整投資結構，才是影響基金獲利的不二法門。光鮮亮麗的包裝沒有實質功效！」

每年的全球腦力激盪討論會中，以強調基金投資組合為主，抑或是以市場廣告為首的行銷策略，長久以來莫衷一是，爭論不休。負責投資的團體，覺得自己才是最重要的靈魂人物；主管廣告設計的創意者，覺得自己是不可或缺的角色。

「殊不知掛在交易所的指數型基金已經徹底顛覆原本的基金投資模式，客戶可以隨時買賣任何他們中意的基金。這些生活在象牙塔裡的人，還在那邊做無謂的爭吵。」由東京來參加年度吵架盛會的山田一語道破這場鬧劇式的討論會。

山田大學畢業後，到商社上了一個月的班，但因受不了機械化的生活，毅然決然去參加國家留學考試，選了一個最冷門的項目：中國古琴學習。這個「唯一報考」，當然錄取的機巧，讓山田展開了一段奇幻之旅。捧著巨額的獎學金，他花了幾年時間走遍大江南北，探訪古琴名師。山田的古琴，我看過他搖頭擺腦地撫琴演奏，實在不敢恭維。但是從窮途潦倒的古琴師父手中，他收了有上百把被中國人視為爛木頭，看來毫不起眼的古琴。

學習和收藏古琴的幾年間，山田的普通話溜到聽不出來是一個日本人在說話。憑著這份雙語本事，加上高大軒昂的外表，又號稱有古琴的素養，他投身基金銷售業後，短短幾年時間就負責起日本和大陸的業務。

「把募集的資金照交易所的指數比率，依樣畫葫蘆地買進相同比率的股票，放在基金中，大盤怎麼走，基金的收益就怎麼走，漲跌完全沒有瑕疵，投資人也無從抱怨。以現在的人工智能加上電子交易，即時調整持有的股票部位，白痴也可以變成基金經理人，哈哈！」山田除了有慧眼地精準蒐集外貌破爛不堪、其實價值連城的古琴之外，對於共同基金這行也摸得透澈精通。

「反正姑且聽之。洋人就喜歡辯論，對於亞洲的實際投資環境、東方投資人的心態，永遠都是用他們西方的透視鏡來觀察。」我有一搭沒一搭地敷衍一下。

「指數型基金的手續費是零，選股操作是以電腦為主，成本相較低廉。這是個革命性的基金商品，我們如果再不做任何突破，後果不堪設想！」山田憂心忡忡地輕聲在我耳邊說著。

「最近你好像在拍賣會上又出手一把古琴，買家是個知名度很高的內地土豪？你可以在東京再弄幢房子了！」我調侃式地把話題岔開。

「我去吉隆坡買了間房子，就在那個市中心的高爾夫俱樂部旁邊，打算年底退休，每天打球！對了，我還在那兒投資了一家爵士餐廳，我自己會去彈貝斯。」山田興奮地告訴我。

「真的？你不要跟我開玩笑！」我羨慕嫉妒恨地回應。

從山田人生規劃的驚嚇中回神，才意識到討論會上開始激辯「指數型基金」的問題。

「我們是基金業的龍頭，是基金商品的『愛馬仕』。指數型基金就是『北臉』！如果趨炎附勢，跑去發行指數型基金，我認為是作踐了這個長久以來建立的品牌，也輕忽了我們專業投資團隊的專業！」全球總裁的總結，否定了基金業的大趨勢，也同時安撫了投資團隊和市場廣告行銷專業人員，不愧是一位刀切兩面光的管理者。

「看吧！我早就預料到會有這種結論。這個總裁就是沒有遠見的人。他是個搞公關出身的庶務人員，沒有什麼商業經營天分。我還是早點退休的好！」山田一邊收拾桌上的文件，一邊站起來，準備離開了。

「你手上的古琴一年丟一把去拍賣，三輩子也吃不完。我怎麼辦？」意識到以後要再見到山田的機會不多了，我趕緊追問一下。

「在日本，有『道草』一詞，中文直譯就是有草的道路。也就是說，遇到岔路時，選擇一條長滿雜草的道路走，這條比較少人踐踏的路，會引領你到一個意想不到的境界。當年我跑去學古琴就是依循著道草走，一條人煙稀少，旅人不多的路。」山田雙手緊扣背包，非常誠懇地回答我。

「道草？」我撇撇嘴，做出一副不解的樣子。

「另闢蹊徑！」山田字正腔圓地對我說完，瀟灑地轉身離去。

看著他高眺的背影，想追上去多問幾句，又覺得不太好意思，只好蓋上自己的筆電，低頭收拾桌上的文件。

「沒辦法，電視、廣播都砸了錢下去，但是效果仍然沒有出來！」

「怎麼能怪操盤團隊？我們建議的投資組合比不上指數型基金，績效當然差！」

「線上直播的投資研討會，客戶希望和基金經理人直接對話，但因為時差加上同步視訊的品質不穩定，Q&A開放提問時，冗長的即時翻譯不到位，使得參加的投資客戶逐年下滑。」

「競爭對手一直推陳出新地打出指數型基金商品、多元化的投資策略，我們卻墨守成規，死抱著三、四十年前的投資概念，在地投資團隊沒有成就感，本土做市場行銷的人也覺得無趣。」

每個月的工作會議，都是這種部門間針鋒相對的指責。面對本地日益嚴峻的市占率衰退，大家一籌莫展。

身為在台負責人的我想破了腦袋，也摸索不出另外一條蹊徑。

「私下和你通風報信一下，部長下個月有一趟訪美行程，一大群國內的金融業者搶著隨行。目前在美東的安排上，部長不是很滿意，但是我們自己能力有限，實在聯絡不到有力的人士幫忙敲門鋪路。你要不要展現一下實力？貴公司在紐約總部應該有人脈，是否可以幫一點忙？」為人低調客氣的李科長是我們長年來在主管機關的聯繫窗口，這天出乎意料地打電話給我。

對於摻和官式訪問團的大拜拜活動，我向來極其排斥與反感。在我看來，這些對於業務毫無幫助。除非是在金融公會的理事選舉中，冀望主管機關的首長肯略施小惠，給個「勉予支持」或「同意」之類的話語，否則跟著官方參訪是浪費時間。跨國金融機構在台灣的負責人都不玩這種遊戲。

「部長親自點名，叫我來和你討論一下他的行程安排。雖然他沒有明講，但是聽得出口氣，如果你能夠隨行，他會非常高興噢！」李科長不等我回應，又補上一句。

我從來就不願參加這類不營養的活動，現在有點被逼上梁山的感覺。正在絞盡腦汁找一個推托的藉口時，李科長又開口說：「你先聯絡一下看看，原則上希望能見到美國的政府官員，去紐約的股票交易所敲鐘，再見幾個為公部門代為操作退休金的金融機構。其實就這三點而已。」

我全心在替自己的業績發愁，在黑暗中為了新的業務方向摸索，尋求突破的目標，哪有什麼額外的精神來伺候政府官員。這不是我的行事風格，完全違反我做生意的門道。

「聽到了，謝謝你的來電，我來斟酌一下，看看怎麼處理。」我略帶敷衍地回答，心想過兩天，再硬著頭皮回覆恕難從命，也就罷了。

「部長的祕書之前有交代，你有了眉目後，希望你可以親自來部裡說明一下。部長很看重你的意見和能力。」李科長臨掛電話前，加重語氣地交代了這一句。

對於這雖不至於是霸王硬上弓，但也相去不遠的要求，只能以民不與官鬥的態度，自我妥協地送了一封電子郵件給紐約總裁的公關室，簡單扼要地闡明台灣官方對於行程安排的要求。如果被打槍，正合我意，如實回報官家，交差了事。

「真的太感謝了！這麼快就搞定我們花了幾個月都敲不下來的行程，畢竟你們這種跨國企業有實力！」李科長喜出望外地打電話來道謝。

山田所言甚是，這個全球總裁的業務能力平平，卻是個公關達人。他知悉我轉達的行程要求後，立即下令行動，特別交代，這是我第一次提出為台灣官方行程進行協調，務必好好安排。可能是不識好歹，但我仍然覺得花這種精神去迎合官方，得不到什麼實質上的業務助益。

「部長已經過目，非常滿意！如果你的時間許可的話，可以在出發前，和你見面，當面致謝，並且請教你一些特定的議題。」李科長禮貌地試探。

話都說到這個分上，我沒有任何空間可以迴避。

「首先要謝謝你鼎力協助，這次訪美行程的安排很合乎我的想法。國際接軌這種陳腔濫調，我知道你也不相信的，所以今天特別麻煩你來一趟，跟你直接溝通一下，由你一個外商在台負責人的角度來看，我該為你們做什麼？如何極大化這次的行程效果？」由學界被徵召入閣的部長，平易近人地來了這一段直截了當的開場白。

我沒有特別準備什麼請願事項，心不在焉地說：「噢！我沒有什麼特別的想法。凡事都要依法令規章行事，跨國企業尤其要遵循當地的法律和商業規則。」

「你太客氣了。如果你不介意，我想分享一下我的觀察。貴公司一直是外商基金業的翹楚，但是最近幾年，你們的市場占有率愈來愈低。我轉換跑道前，在學校教學和研究時，就已經注意到這個現象。」

「競爭愈來愈激烈是事實。基金型態更多元化了，台灣投資人的成熟度亦與日俱增，我們只有更努力才能生存。」我回應，同時心裡想著面對一個從政的學者，我也只能這樣搪塞一番。

「為什麼不推出指數型基金呢？」學者部長問。

談何容易！扭轉一種僵化的企業文化，豈是一個在台負責人的能力所及？放棄自詡為「基金界的愛馬仕品牌」，屈就二、三流後進者的遊戲規則，比登天還難。

看我沉默以對，學者部長逕自表示：「指數型基金仍然可以與你們原來的旗艦基金共存，只是提供給投資大眾更多的選擇。」

「用一個簡單的比喻，指數型基金就如同在超市裡隨手可得的蔥燒牛肉麵，便宜又好吃。我們原本的基金，是米其林大師烹飪的頂級牛排。速食麵可以和牛排並存，但是對廚房裡的大師，情何以堪？」用個粗淺的方式表達，我才懶得花腦袋去和一個學者做學術性的討論。

「成本完全不一樣啊！」學者部長鍥而不舍地往下說。

「我們公司的資深管理階層，都是以晉升米其林大師為終其一生的志業，或是以精品店行銷為主的廣告創意兼藝術家自居。要想說服這幫子人轉型，彎下腰去，生產保麗龍碗盛裝的速食麵，是移山填海的大工程。」只想快點結束這種天馬行空的對話，我再次用比較誇張的形容詞來表達一下。

溫文儒雅的學者部長與我握手致意，再次表達感謝。一路送我到電梯門口時，他轉過身，微笑地看著我說：「我知道你的時間非常緊湊，負責台灣區的業務，夠你忙的了。但我仍然要請你考慮一下，是否可以撥冗參加這次的訪美行程，不必全程參與也可以的。」

「我的同僚說過，一般跨國金融負責人都避免參加官方的活動，尤其你在業界是有名的不沾鍋主義者，你從來沒有興趣，我完全理解。這次我獨排眾議，把參訪人員的名單縮小，只留可以用英語溝通的人，我希望藉雙向溝通，實質上可以得到更多的資訊。」部長又體貼地加上這最後一句。

應該是後續又有多次聯繫，李科長把最後定奪的行程表發給我。他們在最後一天，多加一個安排去見我們全球總裁的行程。

如此一來，我非得破例加入這個進香團不可。

//

訪問團行程的最後一天，我才抵達隆冬大雪紛飛的紐約。稍作整理休息後，依照行程表定時刻，直接下去旅館大廳。

本來預計會看到一隊台灣人，穿著正式的西服，再架上誇張的厚重羽絨外套，個個把自己包裹成臃腫、肥胖的不倒翁。衣著之外，以我過往的觀察，近十天的參訪，慘白的髮根一定已經賣力地滲透竄生出頭皮，和出國前刻意染黑的頭髮，形成強烈的撞色。室內的暖氣加上北美大陸冬季的乾冷空氣，受到靜電效應影響，參訪成員的青絲，都會黏貼在額頭上。

「哈！你真是準時。一路上順利嗎？」一名清臞的東方人由候客沙發站起來，向我揮手致意。奇怪了，空蕩蕩的大廳，沒有其他的人。

定睛細看，才赫然認出是學者部長。

穿著一襲羊絨大衣，優雅地襯托出勁瘦身材的他微笑著說：「我今天放其他人半天假，叫他們去逛逛曼哈頓。就我們兩個人去見你的老闆。你們的總部大樓不遠，我們走過去，正好伸腿運動一下。」

部長如他鄉遇故知般地熱情招呼我，順手攬著我的肩，朝外信步而出。

「這趟行程還可以嗎？」我邊扣緊大衣邊問。

「非常理想，除了你為我們安排的行程之外，我們後來又追加了一些參訪活動。」

「實在不好意思，我沒能全程參與。」這種場面話，我自己都覺得說得很噁心。

「之前你在專業期刊上發表的文章、投資說明會上的資料，以及你的分析文章，我都有追蹤。外商負責人和官員保持距離，是一種專業的態度，我完全可以理解。不攪和我們來參訪是應該的。今天你趕來，我銘感在心！你是岔出常軌，破例配合我了。」

學者部長接著如數家珍地把一路經過的大樓，他當年在這座城市攻讀博士時經常出沒的地方，如老朋友般愉快地分享給我。

//

不知不覺，我們就走到了目的地。全球總裁的特助已經非常有禮貌地恭候在大堂電梯口，引導我們禮遇安檢通關後上樓。

一位美國常春藤的博士學者部長，和公關起家的全球總裁，英語對話流利，我樂得晾在一邊，沒有什麼需要介入翻譯的麻煩。

他們倆一見如故，天南地北地聊開了，從感謝參訪行程的細節安排，到金融大環境發展趨勢，由基金商品的銷售到投資策略的調整，無所不包。

「最後、也是最重要的，我希望和你請教一下：為什麼你們沒有規劃推出指數型基金？因為這項商品目前如火如荼地在全球發行，也深受台灣投資大眾的喜愛。」學者部長狀甚好奇地詢問。

可想而知，全球總裁立馬把那些大道理如數家珍地重複了一遍。他說得臉不紅氣不喘，在我聽來，荒唐可笑。

總裁的宣示告一段落後，學者部長十分客氣地說：「我能不能有一個比較特殊的提議，在不影響全球的政策之下，網開一面，讓台灣可以先行試辦，募集一檔指數型基金。把這檔基金的投資項目，匡列在台灣交易所的上市股票當中，以台灣的加權指數為依歸來發行？」

「我們非常尊重台灣主管機關的意見，你的建議值得我們關注。我會責成相關部門，馬上研究這個可行性。」全球總裁以他慣用的外交詞令回答著。

粗俗的泡麵和精緻的牛排大戰，在一位溫文儒雅的學者部長敦促下，至少在台灣，沒有一點煙硝味地和解了。

到這個節骨眼上，我才恍然大悟學者部長的用心良苦。他刻意支開其他參訪人員，自己單槍匹馬地陪我來見全球總裁，是為我單獨請命。

「他應該會賣面子給我，讓你們在台灣推出一檔指數型基金，這算是我回饋給你的行程幫忙。這件事就不足為外人道也。」回程並肩漫步在曼哈頓的街頭，學者部長如釋重負地說。

我還來不及反應，他又添加一句：「不是所有的主管機關首長都食古不化。我這次的舉動，也是自我的一種挑戰，選一條異於常人的為官之道而行。日後也可能會有不可預期的後座力，大不了回學校教書就是了！」

「嘿！早上在線上新聞看到你這個傢伙，居然有通天的本事，在台北弄出一檔指數型基金！你真有一套！老實招來，你是怎麼樣扭轉乾坤的？」山田興奮又好奇地在電話另一頭嘶喊。

我支吾其詞，心裡吶喊著：「是你啟蒙我『道草』含義的呀！是你指點我另闢蹊徑啊！」但這兩句真心話衝到嘴邊，又吞回去了。

在這個當下，無聲勝有聲。踏草邁入蹊徑，方可一探柳暗花明的祕境，我沒有資格在山田面前炫耀與賣弄。

363銀行經理人

麥肯錫顧問公司操盤的一場倫敦跨國會議，
隨著議程展開，
揭開了借刀殺人計的序幕……

363銀行經理人

「鬼佬找麥肯錫來當顧問，肯定就是個陰謀。凡是高層要做重大政策上的變更、人事組織的調整，自己又沒有肩膀去扛時，就會找這種顧問公司做一個專案，把既定的方向由麥肯錫之口宣示，借專業顧問的報告來公諸於世。」

羅哥表情嚴肅又帶著些許不屑，操著廣東腔濃重的普通話對我類似警告地說著。

年少輕狂而叛逆、遊手好閒的羅哥，在ＹＭＣＡ的游泳池，泡上一個到香港義務傳教的女孩，閃電結婚後，跳脫了擁擠、貧困的生活環境，一步登天，移民美國。

在洋老婆的強力支持和鼓勵之下，羅哥重執課本，念完社區大學，接著在紐約的銀行謀得一份工作。由混跡市井街頭所磨練出來察言觀色的本能，加上多年美國文化的薰陶，他從基層埋頭苦幹，頗受上司賞識。前幾年，他爭取到「亞太區域主管」的位子，算是衣錦還鄉地回到香港工作。

在這個跨國金融機構裡，羅哥是上知天文、下知地理的包打聽，人面廣，小道消息亨通。這次我接到一項突如其來的任命，加入一個協調小組，得從台北分行去倫敦開會，特別在香港轉機，溜出機場來找他開示一番。我知道講大哥義氣的他一定會分享他獨到的見解。

「到我這個年紀，事情看多了，鬼佬耍什麼花招都逃不過我的法眼。麥肯錫顧問專案是借刀殺人的手法！這回被任命參與協調小組，福禍未定，你得小心點。」羅哥以粵式義氣的口吻，又叮嚀了一句。

「羅哥，他們幹麼找我呢？不是你推薦的嗎？」我不解又狐疑地問著。

他長期日晒的粗獷大手撫摸著光亮的全禿腦袋，噘著嘴、偏著頭，抬起飽受長年熬夜打麻將的疲憊雙眼，以一種前所未見的曖昧表情看著我回答：「紐約大頭直接任命你的。一則是你所有銀行業務都有涉獵，也有紐約、東京和東南亞的工作經驗。再則可能是找些亞洲人去加入一個如水仙花般潔白的協調小組，可以增加一點種族平衡吧！」

「亞洲除了我以外，還有誰入選？」

「我知道有新加坡的彼得．卡多薩。可能也有其他分行的人吧。」

「卡多薩？西班牙的姓耶，洋人嗎？」

「彼得是個怪咖，你自己見到他再判斷吧，我不想要給你太多先入為主的偏見。還是那句老話，自己要小心！幹好了，升官發財。搞砸了，滾蛋出門！」

也許是要替我壓驚，更可能是為我壯士送行，當天晚上，羅哥一反常態，沒有揪我長途跋涉去吃鯉魚門的生猛海鮮，我們去港島中環的富豪級海鮮餐廳，福臨門。

⁄⁄

通常在飛機引擎的震動頻率下，我都是如死木頭般安穩入睡。但這趟去倫敦的飛行途中，羅哥的一席話、福臨門的送行宴，加上麥肯錫預先傳送來上百頁的資料，讓我毫無睡意，反覆咀嚼著種族平衡的節點。難道我只是個擺飾？

放眼望去，整個會議室，除麥肯錫的顧問為清一色的白人之外，亞太地區各分行都有派代表來參與，所以我對於自己是件平衡擺飾的顧慮，稍微釋懷一點。

「終於，銀行方面指派的人都到倫敦來了，這個協調小組今天可以開始運作。我們這次受命來提供顧問服務的範圍，包括全銀行的所有部門和金融商品。過去半年，我們蒐集了完整的數據，分析報告也已經在上星期寄到你們每個人的電子郵件信箱。這個協調小組的功能，是希望銀行的人和我們一起研究數據，大家集思廣益來譜出新的策略，以及人事組織結構。」

麥肯錫的首席顧問口齒清晰地來了這段開場白。金髮碧眼、長相斯文的他，一看就知道是常春藤名校畢業的高材生。

通常，麥肯錫首席代表的主要任務是客戶關係的維護，換句話說，他的功能是與銀行頂層對話，不會花時間來和協調小組廝混。在介紹了其他幾位顧問之後，他就離開會場，我知道在協調小組工作達成最終的結果後，這個傢伙才會再現身。

「全行的大數據都在電子資料庫，你們每個人都有帳戶及密碼，隨時可以去撈原始的資料。麥肯錫最大的專業，就是依據數據建立商業模型。而這個協調小組的主要功能，是以麥肯錫推薦的商業模型，來建構新的人事組織框架。」另外一位麥肯錫顧問開宗明義地解釋了協調小組的工作內容。

之後的整個上午議程，對我這個老油條而言了無新意。這些沒有實務經驗的顧問們，拿著教科書上的公式套用在蒐集的大數據上，來佐證他們提出的商業模式將如何有效率地增加市占率、減少營運成本，聽在我耳裡全都是老生常談。

「在今天上午的簡報中，相信由各地區指派來的各位對我們麥肯錫所提出新的商業模式，應該有相當程度的了解與贊同。下午，我們要針對新的商業模式，來進一步就人事組織進行分組討論。」在中餐休息前，麥肯錫的顧問做了總結。

聽到這裡，我豁然開朗，上午的時間只是過門，重頭戲在下午——協調小組是麥肯錫借刀殺人的那一把「刀」。

究竟是由誰來操刀？尚待下午揭曉。

//

「上午的議程緊鑼密鼓，我都沒有時間和你打招呼。昨天晚上才到的嗎？」

正當我低頭夾沙拉之際，身旁冒出這句話。

「我是彼得，來自新加坡。靠窗邊有兩個位子，比較安靜，我們一起坐下來吃吧。」

倫敦難得露面的午後陽光穿透厚重的絲絨窗簾，投射在彼得泛褐帶紅棕的頭髮上。不知道是天生髮質粗硬，還是刻意剪了個文明點的龐克頭，乍看之下，怒髮衝冠的髮型配上一雙琥珀色的眼珠，顏面上半部的表情，就是一個特立獨行的金融從業人員。

如月球表面的粉刺痘疤，倔強地爬滿在寬散的鼻翼和臉頰兩側，外翻紫黑的雙唇，加上一個戽斗的下顎——這個彼得・卡多薩真的比較適合去影劇界發展，擔綱懸疑殺手恐怖片的大腕。我邊端詳坐在面前的這個傢伙，心中邊偷笑地想著。

「你覺得上午麥肯錫的簡報是不是很有系統？他們建議的商業模型可行性有多高？」彼得有點咄咄逼人地追問。

羅哥的提醒猶在耳邊，我虛應故事地回答：「麥肯錫的專業值得令人敬佩，在短短的時間之內，可以把銀行所有複雜的商品及作業流程規劃、分析出來，不容易。」

「我們下午就要提出自己的想法，尤其是在人事組織上的調整。我對你的看法十分好奇，可以先說給我聽嗎？相信以你的經驗，一定有非常獨到的見解。」彼得殺手級的凶狠臉龐越過完全被他忽視的餐盤，湊近我追問著。

這種以緊迫盯人來互動的行為，過去我在紐約見多了。之前我會以其人之道還治其人之身，展開一場唇槍舌戰，你來我往，絕不示弱。現在我不再上當，「以退為進，沉默是金」才是我的座右銘。

「我是第一次參加這種協調小組的工作。久仰麥肯錫的威望，但從來沒有跟他們共事過，所以我還真的沒有什麼概念，純粹是來參與、學習的。你應該比較有經驗，我洗耳恭聽你的看法。」我堅定立場，繼續打屁，不露底牌，進而引蛇出洞。

「你之前沒有參與過跟麥肯錫的任何工作嗎？那我可以告訴你，今天下午就是針對亞太地區的人事做調整。這將是一項重大的變更，攸關到許多資深人員的前途，他們的命運掌握在你我手中。」

彼得忍不住了，興奮地接腔，同時瞄一眼手腕上那支誇張複雜的陀飛輪錶，確定離下午開會還有半個鐘頭，他便口沫橫飛地把上午的商業模型炫耀似的複誦一遍，不斷強調他的銀行實務經驗有多豐厚。

見我頻頻點頭，不時嗯哈幾聲讚美他的專業，彼得樂得忘我，開始介紹自己的身世背景。

「我的曾祖父是西班人，所以我有『卡多薩』這個姓，身上流著西班牙高桅帆船航海冒險的血液。祖母是日本人，所以我有日本武士道堅忍不拔的個性。父親是馬來西亞的華人，所以我有中國人做生意的聰慧、務實。我娶了檳城首富的女兒為妻，岳父一直催促我回去接他的事業，在銀行裡工作純粹是一種興趣，我沒有任何財務的壓力。」

聽著彼得多彩多姿的身世，潛意識裡，我突然非常懷念留在家的阿呆——那隻痴痴等我回去的台灣田園犬，英文俗名米克斯。

//

「希望各位對我們安排的午餐還滿意。接下來的半天時間，討論內容比較敏感，將牽動到你們可能認識的人、共事過的同仁，會有人情的壓力。我們希望各位要放寬心情，下午三點也安排了咖啡和點心，大家隨時可以離席，舒緩一下心情。」麥肯錫派駐現場的庶務人員親切地解釋。

人事組織的調整，分成北美、歐洲、亞太三組。

麥肯錫的三名顧問分別起頭討論，引領來自中、日、韓的人分析亞洲分行的人事變動。「中國的市場是個龐大又被高度控制的地方，我不覺得有太多著墨的可能性，應該尊重現存的組織。泡菜一族向來是個隱士國度，近乎我行我素的文化特徵，可以插手的餘地不多。日本有排外的民族性，人事安排有根深柢固的儀軌，不可以輕易撼動。所以我建議我們這個小組，應該以新加坡為主軸，針對香港、台灣，來看看如何調整南亞的人事格局。」彼得老三老四地打斷麥肯錫年輕顧問的話，逕自判下斷語，界定討論範圍。

麥肯錫的年輕顧問們一聽有銀行指派參與的人發表高論，反正上億美元的巨額顧問費已有半數入袋，他們便樂得讓彼得做領頭羊。

中、日、韓來的亞洲人更是迫不及待地作壁上觀，對於彼得那戲謔似的嘲諷形容詞，他們好像也不太在意。

「現行的人事架構已經落伍，各分行彼此之間可以相互聯繫，也可以與紐約、倫敦直接溝通交易和風險控管的相關事項，實在不需要經過『區域中心』這個瓶頸。」彼得單刀直入地敘述。意識到小組成員沒有任何反對意見，他更進一步地點出自己的想法。「去中心化是不可避免的趨勢，現在的通訊系統已經成就了全時線上交易的一個平台。區域中心的存在，就是一種疊床架屋的建構。坦白說，我建議應該討論如何剔除區域中心。」

「你的意思是把銀行『Uber化』，增強各分行之間的橫向聯繫，將垂直整合的空間直接拉到以倫敦和紐約為中心的雲端平台？」我和顏悅色地對著彼得說。

「哈！你這個『Uber化』形容得太好了。對，我就是這個意思！」彼得好不容易盼到一句正面回饋，情不自禁地拉高聲調回覆。

「區域中心移除後，我們也沒有什麼必要再區分東北亞、台港和東南亞。組織扁平化，各分行直接對倫敦和紐約負責。」我再引導彼得一步，但不說出最後的結語。

「完全正確！所以我提議我們應該把今天下午的討論重點，放在如何移除香港這個區域中心。」彼得手起刀落，毫不留情地砍向羅哥。

「如果各位對於彼得的建議沒有反對意見，是否先休息十分鐘，大家可以喝咖啡、吃點心，然後再來研究如何進行實質的人事更動。」

麥肯錫的顧問看到我們這個協調小組跨越到這個進程，非常體貼地敦促參與的成員們稍作休息。

「移除區域中心固然是使組織扁平化的一種方法，但風險控管機制在去中心化後，是否會有群龍無首的感覺？」

「倫敦、紐約一下子湧入那麼多分行的資訊，他們應付得來嗎？」

「我個人覺得香港這個區域中心，對我們的分行很有助益。許多業務先匯總去香港，他們幫分行做後續追蹤，我們可以更專心於各個分行的在地業務。」

「香港區域中心的團體成員經驗滿扎實的，未必可以完全被倫敦、紐約取代。」

各分行的參與者似乎在咖啡休憩時間裡，冷靜思考了一下彼得的建議，再回到會議桌上後，紛紛開始發言，場面相當熱鬧。

一旦有人發難勾勒出質疑的問題，亞洲人含蓄、安靜的本質瞬間走樣。亞洲人在自己的地盤上喬人事異動，是由不得洋人全權作主的。

「在我看來，香港區域中心的團隊成員都可以歸納為『363銀行經理人』。」逮到眾說紛紜間的一個空檔，彼得提高音量喊著，同時把目光投向我，似乎在挑戰我是否知道他所指為何，作一個球讓我來解釋「363」的隱含意義。

「不好意思，什麼是『363銀行經理人』？」負責記錄討論的麥肯錫顧問怯生生地問。面目清秀的她面露稚嫩，應該是剛出校園。

彼得沒有直接回答小女生的問題，看著我，挑著眉頭問：「你要不要跟大家解釋一下？」

我當然知道「363」代表什麼意思，但我決定幽默以對，以輕鬆玩笑的口吻說：「香港是華人社會，除了中國年的除夕和大年初一這兩天歇業不做生意之外，其餘的三百六十三天是全年無休！」

全場譁然，洋人和黃人笑成一片。

「存款付三趴，放款收六趴，下午三點鐘就去打高爾夫球——這就是『363銀行經理人』，一群守舊過時、無法與時俱進的人！」彼得按捺不住，自己脫口喊出來。

這個諷刺銀行經理人的比喻其實已經相當過時。保障存放利差的環境已蕩然無存，午後三點就可以下班的安逸生活，也早就走入歷史。現在用「363銀行經理人」給羅哥和他的團隊貼標籤，是有失公道。

大多數的小組成員開始竊竊私語，肢體語言也表現出不全然買彼得的帳。明確表達這種輕蔑的代名詞是不妥的人身攻擊。

麥肯錫的顧問雖然年輕，但也相當有一套，見討論轉進到這樣的拐點，他們立刻跳出來控制場面，調暗了燈光，遮陽布幔和投影幕同步緩緩下降。

螢幕上是香港區域中心的組織圖、各部門成員的大頭照及其學經歷的詳細內容。麥肯錫以他們最拿手的微軟投影片簡報方式，華麗登場。

「除了現場發言討論之外，各位的桌前有一台平板電腦，請按照組織圖表，鍵入你們的看法，分享你個人與香港區域中心成員的互動經驗。最後一欄，列有同意或不同意遣散的選擇按鈕。你們鍵入的資料內容和最後選項，都會即時以藍牙輸送到麥肯錫的雲端，遣散與否的結果，也會同步以不記名方式公布在大螢幕上。」麥肯錫顧問敦促著宣告，同時也把終極殺戮戰場的陣仗擺下。

「我個人認為，首先要檢討的就是香港區域中心的主管。這是個牽一髮動全身的關鍵人物，一旦我們達成共識，就可以循序漸進地討論其下的成員。我先分享我自己的想法。」彼得一馬當先，揮刀邁進。

在昏暗的燈光下，每個小組成員開始埋頭於平板電腦，鍵入自己的看法。時而有人與麥肯錫顧問討論，時而有成員相互切磋。其中彼得是最積極參與和忙碌的人，占據了大部分的發言時間。

「我有個小小的觀察，既然是討論人員資遣，為什麼我們沒有規劃遣散的費用？提供優退辦法？」我禮貌地對著麥肯錫的顧問輕聲問著。其他所有的人，都開始抬頭注意聆聽顧問會如何回答。

「噢！這是非常重要的議題。本來我們是計劃在小組達成階段性的共識後，再揭露資遣規劃的細節。如果大家都覺得需要現在就看到內容，我們現在就可以分享。」年輕的麥肯錫顧問略微慌張地回應。

聽到這個回答，我確信這場討論會只是一個裝腔作勢的儀式。無論小組如何討論、電子投票的結果如何，香港區域中心的存廢早就定案。換句話說，彼得應該是預埋的引言人，他的積極態度和激烈的言詞，不過是一齣早就排演好的戲。

「你提出資遣費及優退方案的問題，真是太好了，加速了亞洲協調小組進行的步調。非常感謝你！你建議遣散費的給付金額要合理，而且一定要維護當事人的尊嚴，我會告訴紐約總部的人，你對這個小組的助益良多。」

討論會結束後，麥肯錫的首席顧問特別來恭維我一下。

⁄⁄

在香港轉機時，我撥電話給羅哥：「這趟我就不出機場去找你了。」

「沒事！沒事！你早點回家去。倫敦發生的事，我大概都清楚。你的仗義直言，有關資遣費的部分，謝謝你了。我本來就打算換根新的日本釣竿，再換一套新的麻將。哈哈！下次你來香港，我們再去福臨門吃清蒸石斑啦！」

年底有一場電子交易平台建構的會議在東京召開，各方人馬匯聚一堂。

冗長的會議結束後，東京分行經理邀了幾個倫敦討論會的熟面孔去居酒屋晚餐。

「聽說區域中心的頭頭，那位羅先生，弄了一艘小遊艇，上個月奪得香港海釣的冠軍，過著快樂的退休生活。」

「你們知不知道，那個彼得·卡多薩跳槽了！」

「他去哪兒？」

「一家俄羅斯銀行。」

「我這輩子還沒有跟俄羅斯的銀行打過任何交道！」

「他的長相，去幫俄羅斯銀行打工剛剛好。」

「俄羅斯的銀行主要是為他們的土豪洗錢，應該沒有其他什麼業務吧？」

「他現在可是名副其實的『363銀行經理人』了！」

一向內斂、嚴肅的東京分行經理煞有介事地站起來，高舉酒杯喊著：「為363彼得·卡多薩，乾杯！」

狐狸與獅子

掌管亞洲市場的財經金童，
卻在台灣碰壁。
身為台灣分行總經理的他，
遂使出「狐狸先行，獅子在後」之計……

狐狸與獅子

「我看這個案子有得拖了，不知道要查到何年何月。」

「在倫敦橫行霸道的那一掛傢伙，這次真的是踢到鐵板！後面的調查可麻煩了。」台北分行交易室裡的人都盯著彭博和路透社的新聞資訊跑馬燈，目不轉睛地看著最即時的消息。人人都有自己的看法，當然也忍不住發表高見，議論紛紛。

「他們被指控操作倫敦拆借率，如果屬實，這可是刑事案件，要抓去坐牢的！」資歷最深的朱桑平常不太多話，此時也語重心長地說。

「有這麼嚴重嗎？」上個月才來銀行報到的暑期工讀生忍不住好奇地問。

其他幾個混得比較久的交易員逮到了機會，七嘴八舌地開始教育這個初出茅廬的小傢伙。

「這個拆借率是一支『溫度計』。要知道，銀行之間每天都在相互調頭寸。體質好的銀行所向無敵，不管跟誰開口，對方都是二話不說，報一個最便宜的利率。但要是某家銀行有什麼可疑的問題，大家避之唯恐不及，就會報一個離譜的天價，讓這家體質有問題的銀行知難而退。」

另一人也搶著說明：「體質好的銀行，拆借利率就低。體質差的銀行，拆借利率就像發燒一樣往上飆！」

「可是所有報價都是線上公開的透明資訊，怎麼作弊操控呢？」工讀生好學不倦地問。

「哈！你沒有用過手機啊？先打電話問特定同業是如何看某家銀行，然後大家形成默契，一起哄抬利率，把那家已經感冒發燒的銀行整死！」

「為什麼要幹這種缺德的事呢？」工讀生又問。

「銀行之間的拆借利率，也是一般存放款利率的基礎指標。弄個發燒銀行，把利率炒上去，市場就有波動，而在利率波動的上沖下洗之間，銀行就有空間賺取差價。」

工讀生當然是一知半解，似懂非懂，但是又不好意思再追問，怯生生地說：「好難哦，跟學校教的都不一樣耶！」

「外匯交易是個人吃人的競技場，沒有固定的規則。『冷血無情，爾虞我詐』，是生存的八字箴言。」朱桑蹦出這句話，做了總結。

「你知道嗎？總行掌管全球外匯交易的頭頭——那個綽號『非洲雄獅』的南非人身陷這次的拆借率風暴中，恐怕會吃不完兜著走，要負全部的責任。」

大夥對稚嫩的工讀生過足了為人師表的癮頭，乖乖回去做事後，朱桑湊近我耳語八卦。

「他權高位重，我只有在過去幾次的年終討論會遠遠看過他，沒有什麼接觸。」我如實回應。

「聽說他是個絕頂聰明，自視甚高的人。」也不知是褒是貶，朱桑落下這句，便轉身回去專注於桌上的交易系統螢幕。

「非洲雄獅」？倒是這個綽號刺激了我，立即上網搜尋有關這號人物的資料。

其實也沒有什麼大不了的。南非在種族隔離政策解除後，白人還政於多數族群，經濟每況愈下，南非白人紛紛湧到倫敦求學就業，落地生根。由於回到南非不是有利選項，因此這批必須背水一戰的南非人，個個頭角崢嶸，尤其在競爭白熱化的金融市場上，拳打腳踢，表現優異。

這頭南非的雄獅就是在這種特殊的時空背景和際遇下，形塑而成。

他持有英國會計師證照的優越條件，考入銀行後，沒有選擇面對客戶的相關職務，而是一頭栽進倫敦的外匯市場，專注於交易系統螢幕上的數字。

由於他對匯率跳動有異於常人的敏銳，短短幾年，便隻手撐起整個外匯交易部門的業績，在市場上呼風喚雨，為銀行日進斗金。他領導的團隊所貢獻的收入，超過全行的四成！

除了預算年年超標，非洲雄獅的帶人風格毀譽參半。直來直往，愛恨分明的他，對表現好的屬下出手大方，號稱一定會給出令人終生難忘的年終獎金；對於不滿意的人則大門一開，毫不留情地踹出，勞資糾紛後續的收尾工作，常令人事和法務人員疲於奔命。

這次的倫敦拆借率操作案，非洲雄獅是否對屬下胡搞一事知情，任屬下操控、誤導全球引頸仰望的指標？或是他故意睜一隻眼、閉一隻眼，任由手下的團隊興風作浪，從中套取巨額利潤？

倫敦的主管機關、全球金融界與財經新聞圈內，對於這些問題進行了許多冗長的討論和爭議，毫無定論。

「哎喲喂呀！非洲雄獅被派到香港了，他被任命為亞太地區的總監！」朱桑驚慌失措地喊著。

「一輩子都躲在鍵盤後面敲報價，藏匿在電話線的另外一端和對手玩遊戲，這種人怎麼可以勝任這個職位？」

「倫敦拆借利率的醜聞仍然在燒，他現在正被司法調查中，送他來亞洲，根本就是讓他逃脫暴風圈！」

「這個銀行真是胡鬧，捅出這麼大的婁子，還為他安排後路。」

又是一陣議論紛紛。忿忿不平的情緒高漲，面對即將到來的總監竟是這頭非洲雄獅，大家對於這項人事異動的忐忑不安，溢於言表。

「你這個老狐狸，倒是老神在在。馬上就要來一個雄獅老闆了，你不怕啊？」朱桑哪壺不開提哪壺地問著。

「天要下雨，娘要嫁人，我能怎樣？」我口頭上回一句，心裡想著：誰可以扭轉半個地球外的決定？

在跨國企業工作，避掉了「有關係就沒關係，沒關係就是有關係」這個深奧的本土人際哲理，換來的結果就是所有的高層人事異動，都和我沒關係。

〃

「你們這些傢伙，差點就和我們弄出一個核子彈！」第一次來到台北會面，雄獅就戲謔地提起這個多年來撲朔迷離，一直沒有辦法被證實的謎團。

過去，南非和台灣因各自不同的因素，都成了世界上被孤立的國家。傳聞當時有一項神祕專案，南非將其擁有的豐富鈾礦結合台灣成熟的濃縮技術，兩國祕密合作之下，互助互利，企圖擁核自衛。但最終在世界警察的眉頭深鎖和道德勸說下，無疾而終。

聽了他的玩笑話，我接腔：「這件陳年往事，你居然還曉得。我們這兒知道的人不多，官方則是從頭否認到底。」

同時我仔細端詳著初次近距離接觸的新老闆。他臃腫飽滿的大臉上，蓋著一頭濃密無法分線的厚髮，略微朝天的鼻子，搶盡風頭地把眼睛上推成兩條細絲，窄小的牙齒含蓄地深藏在突出微翹的厚唇內——這樣的儀表與壯碩的五短身材，真是和「雄獅」的名號相差十萬八千里。

「台灣的科技發展真是令人大開眼界。當年如此，現在掌握了獨步全球的晶片技術，更是如此。我對台灣的業務發展有濃厚的興趣與信心。」雄獅倒是以拍馬屁式的語氣繼續稱讚。

原以為這頭獅子只是來亞洲避風頭，除了專精的外匯交易，不會花太多心思經營其他的業務，這個經年在倫敦金融中心打滾的頂級人物應該只是來亞洲虛晃一招，待案件風暴平息便立即翻身殺回全球外匯舞台，去倫敦重振獅威。

「這是我工作的最後一個階段。等調查結果出爐，即便自己在法律上沒事了，我也沒有回去倫敦的意願。我要好好把亞太的事情做好。」雄獅似乎有讀心術，一語道破我心裡的揣測。

接下來，雄獅把重要客戶的名單、目前業務上的瓶頸、與主管機關之間的溝通死結，以及和本地合夥公司在策略上的分歧等，一一有條不紊地列出他的看法。

聽到這個分上，我恍然大悟，原來他一開始就提核子彈的事是有技巧地點化我——他是有備而來，已把台灣的功課做好，不是來打混的；相反地，他希望有一番積極的作為。

「我之前犯的錯誤就是太信任和放任屬下，沒有把他們盯得緊一點，結果現在我要對他們的作為負起全部責任，這是我學到的慘痛教訓！這次來亞太地區，我有不同的管理方式，會做得很仔細、很用心。我要面向客戶，親自去了解他們的問題。」他說。

〃

有一個企圖心強烈，一個聰明絕頂的老闆，一個事必躬親的上司，絕非福氣，是禍事臨頭！

之後的半年，辛勞的雄獅每個月都空降台北，拜會重要客戶，並求見主管機關的首長。在標準的台式待客之道下，僵化的奉茶迎賓、客套寒暄、再次添茶，隱含時間已到，彎腰鞠躬、握手送客的儀軌中，雄獅馬不停蹄地奔走，換來的是一無所獲，業績並無增長。

同時，客戶們紛紛私下向我表示：

「你上次帶來的那位總監英語腔怪怪的，我們都聽不太懂耶！」

「哎，你的老闆是不是就是那個倫敦拆借醜聞的主角？」

「我老闆交代，下次你自己來溝通就好，不要再帶什麼奇怪的洋人來了。」

雄獅喜歡發表意見，熱衷於分享對全球金融重大議題的看法，在客人面前滔滔不絕，時不時夾帶英式幽默和南非俚語。對本土的資深金融管理階層和部會首長而言，每次的接見都是某種程度的磨難。

頻繁的造訪，並不能拉近彼此的距離。實質的業務討論，也常因為語言文化的差異，流於空泛。

「我滿失望的，怎麼台灣的客戶都這樣拘謹？好像很難可以取得他們的回饋，都是我一個人在唱獨角戲。」雄獅語帶挫折地說著。

「不要操之過急，再試一段時間看看吧！」老闆發問，我也只能支吾其詞一下。

「為什麼他們對我所談的內容都只是禮貌點頭，很少發表自己的看法？正反兩極的意見都可以拿出來討論啊！」

雄獅氣餒地繼續說著。

「你是在地的負責人，我得依靠你的支持，我們在同一條船上。如果我們不能改變現狀，舊的客戶不能維護、新的客戶拉不進來，無法說服與改變主管機關對於創新商品的態度，本土合資夥伴之間的溝通滯礙難行……這些棘手的問題，我都使不上力的話，你的年終獎金要大打折扣了！」雄獅用刀已出鞘的口吻，碧綠眼珠透過半瞇的眼簾，殺出一道犀利的冷光。

文化差異的鴻溝和語言上的隔閡，為什麼要我來幫你跨越和消弭？你在倫敦捅出大婁子，才會被外放到亞太地區來避難。就算你知道南非和台灣的陳年往事，也不代表你可以充分掌握與在地人交手的精髓。

高傲的雄獅挾長年在倫敦滋長的優越感，無法容忍所感受到的挫折，又不知道如何改變自己的作風，一定會找人開刀出氣……

大禍臨頭的山雨欲來風，把我的背脊吹得冰涼。

//

「你教我幾招吧！」

星期五下班後，揪朱桑去吃涮羊肉，殷勤地斟上他最愛的蘇格蘭單一麥芽威士忌，傾吐完尷尬處境後，我低聲下氣地問著。

「什麼幾招，共一招而已啦！你小時候一定沒有好好讀書哦，『狐狸與獅子』的故事沒看過？虧你還是大家公認的老狐狸咧！」朱桑酒酣耳熱地對我嘲笑喊道。

看我傻不愣登地望著他，他只好繼續說下去：「狐狸跟獅子說：『我才是萬獸之王，不信的話，你走在我後面，咱們去繞一圈，你就知道了！』後面的結論，你記起來了嗎？」

「好了，好了！別扯了！這種兒童寓言故事，怎麼可以拿來當現實商業行為的比喻。」我不甘示弱地回應，急著切斷這個令我惱羞成怒的話題。

分道揚鑣、各自打道回府的路上，我決定徒步走回家。「狐狸與獅子」的寓言故事，盤旋腦海，揮之不去。

//

「貴公司今天願意撥冗安排會面，真是非常感謝！首先由我將這次造訪的主題、貴我雙方的業務範圍，快快地說明一下，然後由亞太總監來回答你們的特殊問題。」

「長官在立法院會期特別挪出空檔來接見，我們萬分榮幸！容我先將這個新的金融商品結構向您報告一下，接著由我們亞太總監以他在全球金融市場的經驗，來逐一回答主管機關最在意的監控問題。」

「大家多年的合夥關係，最近碰到一些癥結點，先由我來闡述一下我們的立場，然後由亞太總監針對你們的問題做回應。」

「狐狸先行」的策略，果然有效！

之後的半年，雄獅和我培養出一個默契：每次的拜會造訪，在介紹與握手致意的過門後，我們就顛覆本地的「主管角色先發言」的模式，由我直接以中文鋪陳討論細節，節省來回翻譯的時間。基礎打好之後，後續的討論抑或是爭議，就由雄獅上陣。

「沒想到今天可以這麼快達成共識，當然，後續仍然有一些細節要再撫平，這就由我來追蹤處理。還有一點點時間，要不要請我們總監分享一下他對倫敦拆借案所知的來龍去脈？」

這個屢試不爽的結尾方式，將原本枯燥的商業談判，技巧地勾起對方的好奇與期待。

「他真的願意現身說法來告訴我們細節嗎？會不會太敏感？」

「哇，真是太精彩了！由當事人口中敘述事情的原委，這才是真正的一手資訊！」

「你們總監真是專業，聽他的一席話，對我們監理單位而言，勝過十年書！」

雄獅當然非常沉醉於讚許與掌聲中，對於客戶提出的各種問題，都不厭其煩地仔細回答。倫敦拆借率的案子，他瞭若指掌，對所有的細節，都可以如數家珍地解釋其中的眉角。

「我不會對已經發生的事情做無謂的辯白。深切檢討自己的疏漏，分享我的經驗，才是與你們最重要的分享。」

經過與本地客戶和主管機關無數的互動，雄獅每次都以這樣謙卑的一句話來作結束。

「狐狸先行，雄獅殿後」的模式，提升了業績。既有客戶不再推三阻四，甚至主動邀請我們，並敦請雄獅主講，與他們的資深員工分享大家都好奇的倫敦拆借案。也可能是倒果為因，為了邀得雄獅登台，他們努力加碼業務量。

之前風聞雄獅這號奇葩而不熱衷建立往來的客戶，紛紛透過管道表達意願，開啟對話，匯流業務過來捧場。

多年來努力推出新的金融商品，在主管機關的審查時間神奇地縮短，核准後的附帶條件也相對消失。

//

「倫敦方面有進一步的發展嗎？」在一次成功的拜訪後，我看雄獅心情愉快，回程的車上，決定冒昧地問他。

「聽我一句話，所有的電子郵件都要小心翼翼地處理。別人寄給你的電子郵件，關於信中提到的任何事情，如果你沒有即時表達反對意見，即便是已讀不回，你也必須負責！」

雄獅有點答非所問，斬釘截鐵地回答。

「坦白說，我可以立刻辭職，一走了之，但為了維護我的名譽，也為了防止他們把所有的事情都推到我頭上，我必須堅持留在這裡，與調查人員周旋。」

他無奈地表示，接著抿著嘴笑了笑，望著壅塞的車陣，繼續說：

「另一方面，我真的很喜歡和你共事。我們發展出了一套獨特的客戶溝通模式。我知道你的用心，本地實務的細節，你一手操辦，用你們自己的語言對話，之後再拱我上陣，王二麻子地扯倫敦的事。你我『雙簧』前後搭配，賓主盡歡。

「這是你我在嘗試錯誤之後，研磨出來的技巧。這一年下來，我真的學到很多台灣人做生意的竅門。無論倫敦的案子如何，我沒有浪費在亞太的時間。」

那語調下轉低沉，雖不至於是頭鬥敗的雄獅，但是引領風騷的傲氣，消失了。

年底回顧成績時，超標甚多，雄獅並不以此為傲，毫不鬆懈地緊盯下一年度的拜會行程，新舊客戶兼顧，明確訂定預算基準，企圖心十足旺盛。

接下來的重頭戲，是發放年終獎金。

「你有一套，可以扭轉我剛來的窘境。後面的半年，順風順水，我和台灣的客戶及主管機關打交道，好像突然間有一具渦輪發動機，馬力十足，非常神奇！」在宣告金額前，雄獅喜上眉梢地說。

當面打開雄獅遞過來的信封，我點頭微笑——一個遠遠超過我原本預期的數字。我不動聲色，心裡暗自想著：狐狸也可以在獅子面前，大塊吃肉哦！

「我們明年再好好衝刺一番，新年快樂！」雄獅丟下這句話，便起身趕飛機回香港。

//

「宣布了！雄獅下面的兩個主要幹部被起訴定罪，他沒事了！」朱桑永遠是搶讀即時新聞的急先鋒，年假收尾上班的第一天，就在那裡吼叫嚷嚷。

我迅速上網搜尋掃描相關新聞：雄獅逃過一劫的最大原因，是他本人並未因為操控拆借利率而獲利，職務上的監督疏漏不構成犯罪事實。未能深究屬下含糊其詞的電子郵件通報，代表雄獅大而化之的管理風格，但仍然不能以此定罪。

拆借案的最終拍板，對我而言是憂喜參半。雄獅在年終獎金上的慷慨，無可厚非。但往後一年又要牽著獅子闖蕩，這個招數是否能持續地有效與靈光？

伴君如伴虎的日子，並不好過。

「我決定退休了。星期一的新聞會出來。你跟我的工作關係密切，我應該要親自打這通電話告訴你。」一個週六的下午，雄獅直接撥通我的手機。

「嗯?!真遺憾我們合作的時間沒有太長，本來以為今年可以再加把勁。」有點吃驚，但受到雄獅這樣的尊重，我實在也擠不出其他更合適的回應。

「我也很珍惜我們共事的經驗。你對客戶，滿有一套的！」雄獅在掛電話前，不吝地再稱讚一句。

「有快遞包裹，你下來拿，還是我幫你送上去？」樓下的管理員在對講機內，不耐煩地喊著。

接過一個包裝精美的「伊索Aesop」禮盒，我納悶地揣測，誰會送我這種護膚護髮的保養品。難道在別人眼裡，我是這種斯文咖？

拆開黏貼在禮盒外的小卡信封，雄獅親筆簽名，和短短的一行字：

我知道你的把戲，但我玩得開心！

女主外、男主內的法式浪漫

「女主外、男主內」？
這在保守而古板的日本金融界，
真的可行嗎？

女主外、男主內的法式浪漫

日本人拘泥於細節的傳統造就了職人文化，凡事要求完美，近乎苛求。好的一面是他們製造出一流的工業產品，日本車的耐用和較低的故障率是眾所皆知的事實。可惡的一面，就是僵化的形式、制度，沒有變通和轉圜的餘地。

這種文化普遍運用到生活的方方面面。不是所有日本人都心甘情願地接受這樣的事實，但是敢勇於表達自我、追求不同行為模式的人，不多。在保守而古板的金融業，更是鳳毛麟角。

「早安，初次通電話，務必請你多指教。我的名字叫皮耶・龐畢度。很抱歉，打電話來給你，來麻煩你了。」電話另一端的日語跟我的一樣，真是爛到底了！

「哈囉，你是皮耶嗎？我們用英語溝通就可以了。我知道你打電話來的用意，放心，我一定會推薦你入會。我已經收到你的申請入會資料，會盡快處理。」

湧入東京的外國企業成千上萬，無論是來自哪個國家，加入「美僑商會」是必須的事。這個商會其實是一個萬國組織，冠名「美僑」二字，又是日本食古不化的結果。二戰後，美國以戰勝國之姿成立了這個組織。當時也只有美國的企業有能力在日本做生意，老美商人組織個美僑商會，再理所當然不過。

隨著日本經濟高速發展，不僅是美國的企業，歐洲、中南美洲、紐澳加上東南亞，所有需要在東京置立據點的企業都搶破頭入會。東京美僑商會是商業資訊中心、跨國公司互通有無的市集，也是日本商社朝拜外資企業的神社。日本官方更是充分利用東京美僑商會，所有的產業財經政策都會先發草案給商會去測風向。

有人建議更名為「國際商會」，結果被日本官方斷然拒絕。這也就是為什麼一個法國銀行新到任的東京分行負責人，申請入會的資格審查會落在我的頭上。因為新會員的許可，必須由一位現任美商企業在東京的負責人來拍板定案。我已經多次迴避這種不營養的事情，找盡藉口推卸，但是皮耶的申請，怎麼推都沒有辦法如願。

德高望重的商會會長——一位來自德州的大牛仔——這次特別找上我，彎身低著頭對我交代著：「你從來沒有幫我們分擔過一點點事情。這樣的冷漠會影響你在業界的形象。你是台灣人，代表美國的銀行，幫一個法國人申請入會，這種多國氛圍的運作模式，可以讓大家看到一個嶄新的美僑商會！」

//

「皮耶，很高興我們終於見面了！我已經把推薦信寫好了，你先過目一下，看看有沒有要修改的，我是完全依照你提供的資料寫的。」

「哎呀！我以為我們要先面談，你了解我這個人之後，才會著手寫推薦函。我想你一定會想知道除了申請資料之外，關於我的其他事情。」皮耶殷切地說著。他穿戴得正式而整齊，一副應徵工作般的嚴謹。

我本來就是想隨便應付一下，才不鳥面談是入會不能忽略的步驟。我的如意算盤打的是讓這個法國佬來一趟，當面把推薦函交給他，就當作已經見面交談過，順便讓他拿走入會申請表格，請他走人。我沒有那麼多的美國時間。

「首先，我仍然要表達對你的感謝，謝謝你花時間接見我。也希望藉這個機會來請教你一些問題。我剛剛到東京，一切陌生，有你這樣一個台灣人在東京工作多年的背景，相信更可以幫助我這個法國人，而不是事事都是由美國人的角度來衡量。」

皮耶這麼一說，我只好轉換本來準備送客的姿態，收回已經抬離椅子的屁股，假裝優雅地調整一下坐姿，和藹可親地示意他繼續說下去。腦袋瓜裡閃過一個畫面：那個德州會長咬著他的招牌雪茄，在對我微笑稱許。

皮耶的英語夾帶著極其濃重的法國腔，我聽著非常吃力。反正就任由他這個法佬自己去扯了，既然要花上一點時間應付，我也就神閒氣定地仔細端詳一下坐在對面的人。

皮耶的穿著十分講究，我猜他認定與我見面是為入會申請，並非正式的商業拜會，而且這場面談是有關他個人的背景，會涉及私領域。所以他沒有穿著整套的深色毛料西裝，而是上身架著一件鮮亮寶藍的絲麻混紡西裝外套，胸口則是雪白小飄花插巾，象牙白的敞襟襯衫配上一條暗灰色褲子，腳踝顯示沒有穿襪子，踩著一雙鱷魚皮樂福鞋。這身打扮，明白昭告他是個注重服裝及生活品味的人。

他有著一張瘦窄的法國臉，加上所謂歐洲人統稱高挺而筆直的「貴族鼻」，近乎慘白的膚色更強烈襯托出烏黑的深邃眼睛，稍微稀疏的褐色卷髮，近五十歲仍保持挺拔的中等身材，封他一個「法蘭西斯時髦男」的頭銜，也不為過。

「不好意思，我好奇地問問，你過去在這家法國銀行負責的工作內容，好像是比較偏重支援性的角色，進行產業分析和政經發展政策，專長是提供研究報告給業務單位。類似這樣的工作資歷，會派你來東京主導全面性的業務，比較特殊一點。」

一聽我提問，皮耶興頭來了，急切地回應：「我之所以被調派來東京，其中最大的原因是配合我的妻子。她被派來日本，她的公司提供駐外人員的全面待遇，包括住房、生活物價津貼、每年返回巴黎休假的機票等等。我算是隨妻外派來日本，所以我們銀行只是支付我的基本薪水及一部分東京昂貴生活費用的些微津貼調整。因為亞洲的業務正在發展中，以東京為第一個據點，銀行採取的策略是且戰且走，我算是搭我老婆的便車來這裡，銀行的開銷也可以實惠一點。」皮耶說完，扮了一個自嘲的鬼臉。

這種隨妻而來的派任，我是不可置信。東京是跨國金融業務在亞洲的一級戰區，法國銀行的浪漫行徑大概不是我這種人可以理解的。大和民族在職場上仍然是男尊女卑的情況，比起其他國家尤其明顯，相信日本人更是會對皮耶這號人物嗤之以鼻。

送客完，我在走回辦公室時，才意識到自己竟然沒有追問他太太是在什麼公司工作，心中暗自忖度，對於皮耶以妻為貴的態樣，我的漫不經心和下意識的輕蔑，與日本僵化的男尊女卑概念，相去不遠。

再看到皮耶是一個月後的事。不是見到本人，而是在東京美僑商會的定期刊物中，有一篇介紹他的報導，也刊登了夫妻兩人的居家照。超過三分之二的介紹篇幅，都是在敘述皮耶的另一半。

原來皮耶的妻子是法國大量販超市家樂福派駐日本的食品創意總監。她的工作涵蓋範圍非常廣，量販店的貨架決策，小到口香糖咀嚼的軟硬度，貴到魚子醬該如何搭配日本生鮮，精確推算法國紅酒與松阪和牛的消費者對價關係、如何加強北海道乳酪和法棍麵包的融合性，林林總總，無奇不有，都由這位法國女性主管定奪。

文章引述了許多皮耶的妻子的話，通篇幾乎都是在描述食品創意的專業細節，關於皮耶任職的法國銀行著墨清淡，幾乎是敷衍了事。

「聽說你們爭取到承銷伊藤忠商事發行的美元計價債券，不知道下午可不可以去看看你，順便請教一些問題？」皮耶近乎卑微地在電話裡問著。

我當然知道他為何而來，無非是想要參一腳，由我這裡分一點債券部位，去配送給法國的投資人，轉手賺點差價和交易手續費。

「皮耶，不用麻煩你跑一趟，東京的交通壅塞。你告訴我你要多少，我盡量配合你。我會交代我這邊的人給你一個合理的報價，讓你在轉手到巴黎的時候，也可以有一點利潤。」

放下電話，我直接告訴這一檔債券的總量分配員說：「去聯絡皮耶，那個法國銀行，第一梯次的量，他們至少要能吃下美金一千萬，之後再加買的話，金額可以小一點。哦對了！不用客氣，我們該賺的差價和手續費，不要折讓。他們沒有別的管道，這一單，我們吃飽一點。」

我本來以為皮耶可能會跑回來跟我討價還價，結果他不但沒有打電話來囉嗦，而且一路追加，看來是他在巴黎的客戶實力堅強，對於日本公司的債券非常有信心，買得不亦樂乎。承銷期間結束後結算，皮耶的法國銀行居然是這一次債券發行，代客購買數量最多的一家。

除了債券，整合多重貨幣的一籃式外匯交易、股票連結的衍生性投資商品，皮耶都是我們的死忠客戶。不是他主動來訊，就是將我們去兜售的商品都爽快吞下。他也從來不會斤斤計較價差與手續費，我們怎麼報，他就怎麼付。

半年下來，皮耶和我時不時就通個電話，大家生意往來頻繁，星期五黃昏，也會邀我去喝杯小酒。我知道他對金融商品的熟悉度有限，我是他加入東京美僑商會的推薦人，他視我等同在東京的入門師傅，緊緊地巴著我。既然生意好做，從皮耶的銀行那裡賺了不少，他又是一個交易乾脆、俐落的人，我也樂得花一點時間和他廝混。

皮耶聊的話題很廣闊，舉凡流行服飾、名酒美食到度假旅遊勝地。他經常把老婆掛在嘴邊，由他的言談中，我也著實增長許多精緻生活的概念。

儘管如此，我總是揮不掉對皮耶根深柢固的想法，看他就是一個金融外行，靠著幹練老婆來東京的繡花枕頭。

///

時光流轉，皮耶隨著老婆來到東京，從我給他東京美僑商會推薦函至今，一晃四年過去。他在那個法國的東京分行倒也勝任愉快。和我的銀行交易雖頻繁，但是我仔細推敲一下，他由轉賣手續費及差價所衍生的利潤是有限的。除了緊跟著我的銀行之外，也沒有聽說他在市場上有其他的交易聯盟。

這項觀察更讓我肯定，皮耶這傢伙就是個打混的法國佬，一個小跟班。可以加減和他做點生意，但他絕不會成為一位重要的策略夥伴。

一天，皮耶打電話來邀請我：「我們巴黎的總裁下星期三要來東京，我準備在家裡款待他。你是我第一位邀請的貴賓，希望你能賞光。」

「沒問題啊！什麼時候到？」我知道歐洲人吃晚餐的時間是非比尋常地拖延，弄清楚皮耶的計劃後，我可以先去東京車站地下街吞一碗拉麵，否則空腹喝酒真的會弄得自己又醉又餓，狼狽不堪。

「如果當天可以的話，請你一下班，五點就來吧！這樣子，我們總裁可以私下多跟你聊聊。我會請祕書發正式邀請函，上面有我家的地址。謝謝你答應來，我非常高興！」

放下電話，才意識到除了問時間，忘了問其他的細節，不過猜也知道，應該都是東京金融界人士。腦袋瓜裡浮出的畫面，是一堆黑色西裝的日本大手町金融上班族，忙著交換名片，相互九十度地鞠躬個不停。但是我至少知道一件事，從五點到正式坐上晚餐桌子不知是幾點了，我一定要先去填一下肚子。

「歡迎！你一定就是當初推薦皮耶入會的貴人，快點進來！」在大門的玄關招呼我的是一名高䠷勁瘦的女子，穿著一席黑絲絨連身長裙，琥珀色頭髮優雅地盤在腦後，露出纖細而修長的脖子。寬廣明亮的額頭，秀氣的兩道月眉之下，有著一雙碧綠的眼珠。大量的玻尿酸塑型豐厚的雙唇，仍然無法緩和她強勢的鷹鉤鼻。

一時之間，我納悶這位女士會不會是皮耶找來承辦晚宴的接待。一個西方女接待來招呼日本客人，有這個必要嗎？

一縷雪茄香飄入鼻中，我才注意到在她的修長指頭間，優雅地夾著一根法國出名專屬女性享受的細長雪茄香菸。

「我是伊芙，我可愛的老公皮耶在廚房裡忙著。我來將你引見給總裁，他非常盼望和你見面。」

當然是女主人才能大剌剌地在家裡抽菸！由自己笨拙、痴呆的瞬間回過神來，我急忙故作鎮定地跟著伊芙，若無其事地稱讚一下他們的房子和從法國運來的優雅家具。

「你真是幫了我們一個大忙。當初要不是你願意推薦皮耶，我們可能要等差不多一年才能入會呢！」在伊芙介紹我之後，這位相貌堂堂的法國總裁親切地握著我的手，接著說道：「本來是要靠伊芙的公司去申請，但是私下打聽，東京美僑商會不太歡迎女性主管入會。」

我是第一個準時到的客人，四下張望，只有我和總裁。別無選擇，我得和這個法國佬扯一下。幸好總裁的英語腔調不重，容易聽得懂，心想姑且跟他聊聊巴黎的情況，也算是一種學習。

老總裁沒多扯法國的市場，只是再次感謝我幫忙皮耶，讓他們的銀行可以多參與協辦承銷業務，似乎對於其他的金融問題不太有興趣。

話鋒一轉，這位總裁告訴我，他今天中午才從上海飛到東京。

「哦！你先去上海，才來東京？我以為你們在亞洲第一家分行是這裡。上海已經有業務了嗎？」

「我們的上海分行在五十年前被迫關閉。當年離開時，我們把行內金庫的鑰匙託付給一名當地員工，他一直為我們保管著那串鑰匙。我們找到了這名忠實的員工，我這次去上海就是特別見他，並且把過去五十年的薪水，一次發給他！」這位慈眉善目的總裁接著表示：「因為我們這樣有人情味的做法，上海主管機關已經承諾，會優先考慮我們重返上海的申請。」

「恭喜你們可以回到上海呀！現在那邊的金融執照不容易到手。」嘴上說著正面回應，我心裡想的是：你們在東京派了一個皮耶，上海還有什麼神人可以出任？東京畢竟是一個有法治的金融市場，上海的水可深了。

客人陸陸續續到了，他們的穿著打扮真是出乎我的意料之外，活潑輕鬆，一看就知道不是金融界人士。伊芙拉著白髮蒼蒼的老總裁，如同女兒般把一位慈父引見給那些日本客人。

我端了杯香檳，靜靜地站著觀察，不時有日本人客氣地來遞名片、自我介紹，都非常友善、客氣，不像金融界的那麼僵冷而疏離。手上握著一大疊名片，全部都是精緻農業的供應商、生鮮蔬果產地直銷公司代表，處理高端肉品、魚類和手工製作乳酪的職人們。

原來我是皮耶請的唯一來自金融界的客人，其他都是伊芙邀請的貴賓。

我再次陷入五里迷陣，看著伊芙和日本客人們。反正在自己的宅邸，她毫無顧忌地吞雲吐霧，開懷暢飲。

「其實我們銀行這幾年在東京最大的獲利來源，都是靠伊芙在日本的人脈。靠著家樂福的全球網絡，我們可以精確地掌握從日本出口到世界各地的產品脈絡，同樣地，也可以追蹤從世界各地輸入日本的原料。這一出一進的貿易活動，都是我們銀行獨家掌握著融資需求，也是我們的獨門生意！」正當我檢視著這些名片時，老總裁不知道從哪裡倏忽地冒到我身邊，湊近我的耳朵，一邊說著，一邊用極其讚賞的眼光看著著伊芙優雅地周旋在人群中。

「伊芙，你來嚐嚐這個湯頭，看看有沒有到位？」穿著職業主廚圍裙的皮耶拿了一把勺子喊著。將近兩個小時了，他才第一次由廚房出來露臉。

皮耶和他的老婆看著勺子，交頭接耳地討論了一陣子之後，轉身回去廚房。走近我的時候，他輕聲地丟了一句話說：「你自在一點，我得在廚房裡忙。今天我要大展我的廚藝。你是金融界的唯一客人，麻煩你就多在總裁面前幫我美言幾句吧！」

正式晚宴開始後，由餐前酒、開胃冷盤、前菜沙拉到正餐前的開胃酒、主菜，以及搭配的紅酒，乃至甜點、咖啡和巧克力，每一道都是由皮耶親自端出，然後由伊芙站在桌首，夫妻倆一搭一唱地詳細解說食材、烹飪的訣竅與配酒的哲學。近二十位客人，似乎每個人都是美食家，不是點頭稱許，就是大聲喝采著鼓掌，真是一場賓主盡歡，非常成功的晚宴。

餐後大合照時，我站在後排，臉被前面一個壯碩的日本腦袋遮掉一半。拍照後，大家在檢視照相效果時，完全不以為意。我知道自己在這場晚宴中，是皮耶找來聊備一格的人。

伊芙偕同老總裁站在門口，與來賓握別。輪到我的時候，皮耶才匆忙跑出來，感激地握著我的手，當總裁的面，強調我們之間的友誼和交易愉快。

倒是老總裁貼心地隨我步下台階，送我到大門，靠近我說：「這對夫妻的『女主外、男主內』模式，本來以為在亞洲行不通。現在證明這個顛覆模式，在東方社會還是可行的。你覺得呢？」

我知道老總裁並非真要聽我的看法，他只是要強調他們法式浪漫的美妙。

//

再看到伊芙的時候，是在東京美僑商會定期刊物的封面上，皮耶夫妻的合照。號外標題是皮耶被任命為他的法國銀行上海負責人，業務涵蓋大陸及東南亞，一場登天的晉升。

皮耶在去上海前，匆匆地打了一通電話給我，算是道別，之後就杳無音訊。

聖誕節前，我收到一瓶年分稀有、相當昂貴的波爾多紅酒，瓶頸繫著一張可愛的小卡片，下方的簽署名字是：**伊芙**。

擎起酒瓶，對著陽光欣賞絳紅的溫潤色澤，我莞爾一笑，自言自語地說：「女主外、男主內的法式浪漫，一定可以把那個婦女能頂半邊天的市場，發揮到極致！」

到站下車

所謂人生，
往往當你優哉游哉地一路向前，
感到諸事快意時，
猛然來個緊急剎車……

到站下車

「可惜了啊！以時速一百公里巡航兜風，突然踩剎車的感覺。」由紐約來的「四號人物」蓋瑞自顧自地說著。

少年白的雙鬢、紅潤雙頰和湛藍雙眼，配上高窄的小鷹鉤鼻，蓋瑞算是個帥哥，五十出頭，就爬到主管整個銀行的資金調度位置，所有的資產處理都需要他的同意。

雖然深知蓋瑞是在汽車文化中長大的紐約客，凡事都喜歡用速度的相關性來比喻，但看看車外繁雜喧囂的機車陣，攝氏三十六度的高溫下，燠熱潮溼又夾雜著濃烈的廢氣排放，不免納悶這個紐約大頭在胡謅什麼。這個當下，不作聲是最好的回答。

「我沒預料到今天上午就可以達成協議，而我們喊的價格，本地買家也沒太多的問題。本來以為會花很多時間討價還價，結果他們那麼乾脆——一定是看到了什麼，值得付EBITA十五倍來收購這家券商。」蓋瑞望著前方，再一次輕聲細語地呢喃著。

「這跟兜風有什麼關係？」我忍不住問道。

「這家券商雖然表面看起來是個合資企業，法令規定本地合夥人必須占過半數才能拿到執照，但三年前你下了功夫，設計個精巧的持股協議，讓我們有實質主導權，從開業以來，一直獲利，年年達標。現在拱手讓人，不可惜嗎？」

這家合資券商的確是很成功的案例，各項業務都齊頭並進，具有高度競爭力，尤其是電子交易平台、客戶投資習性的大數據分析，還真是以百公里時速，悠然前行。

「其實在來之前，我就主張應該要再觀望一下，不要貿然賣出。」他又說。

以往的經驗告訴我，對這種說法姑且聽之就好。

我心裡想著：如果不同意賣出，你還會閒著沒事幹，半年內跑來台北那麼多趟，嚴謹地參與所有評估工作、仔細盤算每一個數字？尤其是對電子交易平台，蓋瑞表現出極大的興趣。

「我更好奇的是，你籌劃這家合資券商，從合資夥伴的篩選、證照申請到硬體、軟體的建置，一手打理；開業後，還要耐心應付紐約稽核人員每季的放大鏡檢視，並安排給本地合夥人一筆境外融資，再以這家合資券商的股權來作擔保抵押，讓我們實質掌握過半數的主導權，這真是神來之筆。現在我們決定要賣掉，你卻始終沒有表達反對的立場。」蓋瑞扭過頭來，雙眼直視著我問道。

這個問題，我早就想透了。

本土合夥人從一開始就事事禮讓，任由我們銀行主導，並口口聲聲說這家合資券商一定要用紐約的高規格設立，要有國際競爭力，所有的高帽子，頂頂扣在我們頭上。醺醺然之際，我們真的就卯足全力，把所有的投資銀行專業資訊、電子交易科技和風險控管機制，毫無保留地挹注到這家券商的每一個作業環節。

只不過，即便是未過半數的持股，本土合夥人仍然有上市的提案權，這個「上市提案」就是殺手鐧。一旦上市，本地合夥人可以在公開市場上收購，爭取主導權。直白地說，本土合夥人的算盤打得精：靠紐約銀行設立一家券商，當一切作業就緒，營運上了軌道，再出手來爭主導權。境外融資的股票抵押，口袋深似海的本土合夥人輕而易舉就可以償還，再把股票贖回，來搶奪經營權。

一家外商銀行，擋不住本土合夥人這種火車頭似的衝撞對立。上市的目的就是要去翻倍撈回當初投資的本金，這也是本土商業文化無可厚非的策略。

但既然紐約銀行不同意上市的策略，「出售股權」便是唯一的選項。依合資協議，本地合夥人可以優先收購，但是他們又扭捏作態，拒絕行使優先權，折騰了大半年，才找到今天的買家。

蓋瑞不止一次地問過我，「你覺得背後是不是本地合夥人在出資，其實這買家只是個白手套？」我也懶得再多辯解，因為「晦暗操作」一向是本土商業操作的本質。

靜待片刻後，我才重接蓋瑞問到我立場的話題。

「券商上市的問題，不是一直在紐約爭議不休？一旦上市，我們將難以保持主導。另外就是員工持股的問題。上市後，有配到股票的台北員工瞬間暴富，其他國家的分行會不會有不平衡的反應？」我心平氣和地點破這個超級敏感的話題。

員工暴富的焦點，其實也是針對我個人而來。

「當初沒有人願意參與券商的設立，我喜歡幹新鮮的事，自告奮勇去扛這個專案。分行其他的人視證券業務比銀行低等，不願意辭掉外商銀行的職務，跳到一家合資券商工作。為了證明在台灣，券商才能推動投資銀行的業務，我主動辭去分行工作，去挑券商總經理的責任。也是因為這項職務異動，本地合夥人承諾給我一個相當比例的股票分潤。」

我就此打住，不再往下深掘有關我的持股比率和上市後的暴富聯想。我知道蓋瑞是冰雪聰明的紐約客，贅述無益。

「賣了之後，你有什麼打算？」送蓋瑞回到他下榻的旅館，臨下車時，他轉身回問一句。

「再說了，現在的首要任務還是把這件併購案的法律流程走完。其他的人事問題、退休金提撥及職工福利基金的合併結算等，仍然有許多細節要熨平、撫順。」我緊扣住藏在心中的底牌，不想隨便亮出。

「這樣吧，我們今晚吃個飯，聊聊吧！六點半在大廳碰頭。」

≡

望著蓋瑞略顯削瘦的高挺身影消失在旋轉門中，我看看手錶四點半，一個尷尬的時間。兩個小時，回辦公室再繞回來這裡，耗時費事，不如就坐在大廳和律師通電話。

「王律師，不好意思，打擾你。我想再向你討教一下上次聊的話題。如果我持有未上市公司的股票，但這家公司很快會上市，而我現在被非自願性離職，是否能作為一個談判的籌碼？該如何評估價值？」

看到穿著皮夾克和牛仔褲的蓋瑞走出電梯，我匆匆結束電話，禮貌地站起來，一派輕鬆地問：「你想去吃什麼？」

「我知道轉角的後巷有間日本料理，去吃過幾次，相當不錯。」蓋瑞毫不猶豫地回答。

既然是他的提議，我也樂得輕鬆，不必張羅找餐廳，也不必擔心合不合洋人的口味。

//

「現在吃日本料理可是紐約的時尚，喝清酒也是一種風潮！」坐在壽司吧檯前，我半調侃地對著蓋瑞說。

蓋瑞顯然是個中老手，點了許多昂貴的壽司，馬糞海膽就吃了好幾份。我猜反正是報公帳，他也是慷銀行之慨來慶祝今天的收購談判告一段落。

「我大學時代去東京作交換學生，在那認識現在的老婆，我的飲食習慣也被大幅度調整，這種吃法比較健康。」

酒過三巡後，蓋瑞開始分享許多他私人的事情，素食養生、慢跑重訓、鐵人三項運動……就是不回到我日後有什麼打算的話題上。

吧檯老師傅送上玉子燒壽司，意味著這是最後一道菜。蓋瑞的城府夠深，他仍然在靜觀其變，不提出售券商後，有關我個人去留的事。他在看我出什麼招。

而花了近兩個小時和律師切磋請教，我當然有個扎實的底，也決定按兵不動。

「一般而言，買家會任命自己的人來當總經理。今天在總結價格和資深人員時，他們有承諾會全數留用，但是關於你，他們並沒有特別提到什麼安排。」蓋瑞啜一口綠茶後，終於幽幽地說了這句話。

「百公里時速的快意兜風，現在踩了剎車，我正好到站下車啦！」接著蓋瑞的比喻，我逮到機會釋出第一張牌。

「我不明白你的意思？」不知道是裝傻還是天真，蓋瑞皺著眉頭問我。

「我想應該是轉換跑道的時候了。當初辭去分行的職務，我沒有拿到銀行的任何回聘承諾，現在硬擠回分行，會惹人嫌，造成許多困擾。」

我的策略是以退為進，先鋪陳沒有回去分行的可能，以弱者自居，進而再要求以手上握有的券商股票換一筆資遣費。拿錢走人，海闊天空，逍遙自在去也。

「哦！我們絕對不會讓你離開的。好不容易培養出一個證券業務高手，尤其是在亞洲新興市場的電子交易平台，你是目前唯一有實務經驗的人，銀行可以用到你的地方非常多。你可能誤會了我問你如何打算的意思。我是想知道除了在台灣之外，你有沒有興趣考慮去別的地方任職。」蓋瑞非常殷切而誠懇地看著我說。

照王大律師的說法，我手上配置的股票雖然有限制轉讓的條款，只能回歸給銀行，但是無損於以此為基準，回頭找銀行協商，依照分潤股票的數量，預估往後五至七年的收益，推算出一筆雙方可以接受的資遣費——以券商的獲利能力，這個推算結果可是一筆令我垂涎三尺的金額！若能如願拿下這筆遣散費，我可以在東區蛋黃區拗下一幢令人羨慕的豪宅。

但人算不如天算，令我心花怒放的資遣費連攤上檯面的機會都沒有，蓋瑞已經刷卡結帳，邀我信步走回旅館。

「你放心！我一定會照顧你的前途。我相信你一定會非常滿意來紐約和我共事。」

在大廳握手言別之際，蓋瑞丟下這句話，滿臉笑容地走向電梯。

蓋瑞離開的一個星期後，便出乎意料地快速安排我去紐約。我別無選擇，只能硬著頭皮去和一缸子我從來不知道的人扯淡。

「你這趟去紐約要謹慎行事，對所有的人，都要做出誠心誠意的樣子。你的心態要調整為去面試工作，謙虛地去了解蓋瑞可以安排給你什麼有趣的工作。一定要配合演完這齣戲，然後才能以『工作內容不符合你的人生規劃，不具挑戰性』而拒絕，下一步才能逼蓋瑞正視你的資遣費問題。切記，切記！」

在機場登機前，王律師透過電話再次耳提面命。

「哦！你就是那位赫赫有名，一手在台灣設立券商的人物！」

「哇！你可是破天荒第一人，說服我們銀行在新興市場與當地人合資成立券商，打破一向都是獨資經營的原則。」

「台北股市是有名的短線投機天堂，是個賭場。你在那兒炒股，還拿到不少股票，可是裡外兩頭賺啊！」

「如果合資券商上市，以你手上的股票，可以退休去海灘享福了！」

「蓋瑞一再強調我必須和你聊聊，真不知道我們該談什麼。紐約的股票交易型態和市場規模，都與台北大不同，我懷疑我們之間會有什麼共同話題。」

「你們在亞洲，真的以為電子交易可以完全取代交易大廳裡的喊價人氣，人工智能和演算程式可以頂替造市商的功能？你們也未免太天真了吧！」

穿梭於曼哈頓金融區高聳入雲的摩天大樓間，在不同的樓層裡，我按圖索驥地去見蓋瑞安排的每一個人。一個星期下來，所有的話語都繞在兩個固定節點：我個人的暴富；台北經驗移植到紐約的價值是趨近於零。

蓋瑞似乎也是有意讓我獨自闖蕩。他完全沒有參與任何面試，只交代祕書星期五下班前，安排我去他位於銀行頂層的辦公室，做一個總結。

於是白天我就賣力演出王律師交代的那齣大戲，晚上自己晃去吃個晚餐，滿心歡愉地想著，熬過這星期的荒謬面試後，就可以開口拗那筆資遣費，到站下車，逍遙的日子就在眼前。

//

「怎麼樣？這個禮拜的日子過得如何？」一走進蓋瑞的辦公室，他劈頭就問了這句。

蓋瑞畢竟是個四號人物，他的頂層角落辦公室，右邊是一望無垠的夕陽海景，左邊是華燈初上、金光閃閃的曼哈頓。

我刻意環視一番，不可置信地說：「你每天在這裡上班，心情一定不錯，難怪效率高超！」

除了寬大的視野之外，蓋瑞的室內裝潢簡樸，標準的桌椅，平實的沙發。倒是一幅和式三聯屏風的水墨畫，嵌植在小會議桌的正面牆上，蘭竹勾描淡寫，素雅寧靜，在喧鬧銅臭的紐約金融世界裡，顯得特別搶眼。

「這是我老婆家族的收藏，她父親特別借給我來舒緩一下上班的緊張節奏。」看到我在定睛凝視，蓋瑞補上一句，同時自己移坐到沙發上，非常愜意地蹺起二郎腿。回過神來，我用這些天已經重複演練的字句，邊坐下邊微笑地對著蓋瑞說：「見到的人對我都很友善，我從他們身上學到很多東西。紐約的證券交易型態正在調整，是一個新舊交替、世代傳承的過程。我在台北過去幾年的經驗，和紐約這邊的操作南轅北轍，差距很大的！」心知肚明這種回應等於是一番假大空的廢話，只是要耐心周旋，引導到位，讓蓋瑞明瞭並接受一個現實狀況——我沒有什麼能耐可以在紐約找到棲身之所。

話說出口，彷彿看見資遣費大紅包就好像一只優雅的氣球，從蓋瑞辦公室窗外的海面上，緩緩升起！

「太好了！我就是在等你這麼說，完全符合我當初的預期。你真是個中高手，短短的時間裡，你就抓到重點啦！」蓋瑞一副胸有成竹的樣子說著。

不等我反應，他繼續說：「我安排你談的人都是場內交易員、特定股票造市者，這些人靠現場交易吃了一輩子，電子線上交易量明明逐年竄升，他們仍然活在過往的世界裡。紐約交易所的每一個席位，已經由百萬美元跌破不到十萬美元。我預料最遲明後年，電子交易量會超過七成。」

他輕巧地繞過如墜五里迷霧的我，回辦公桌拿了一疊文件，走回沙發時，順便探頭出去請祕書幫忙弄兩杯日本茶。等祕書把茶恭敬地奉妥離開後，他才將一份文件遞到我的手上，同時說道：「這是一份試算表，我請這裡的股票分析師，把台灣合資券商的股票價值推算七年，也同時計算配發給你的股票往後七年的淨值，你仔細看看。」

我快速掃描首頁，再核對最後一頁底層的加總金額，和我自己之前預估的數字相去不遠，甚至還略高一些。我猜蓋瑞是請分析師把七年攤提的複利滾入總額計算。換句話說，我心中理想的那筆資遣費，蓋瑞打算用七年的時間來給付。

瞬間發現大紅包氣球和即將沒入的夕陽同步陷入暮色低沉的海平面。

腦筋一片空白，完全沒有預料到蓋瑞會出這一招，更不能理解為何要拖到七年。還在反應不及，不知如何接腔之際，蓋瑞知道我已經看到總額與分七年提撥的明細，就逕自往下說：「你至今都沒有提到資遣費，我們銀行可以裝聾作啞，把這個敏感問題丟給新的買家，他們會怎麼處理，也不是你我可以精準預測的。請你來紐約這一趟，我的打算就是給你一個機會，和目前從事股票業務的各部門負責人交換意見，讓你有機會知道一下紐約的現況。」

沉著以對，聆聽不語，是我在這個節骨眼上唯一的策略。

我抿著嘴微笑一下，攤攤雙手，示意蓋瑞繼續說明他的看法。

蓋瑞看著我，再度認真地說：「我預見往後的電子交易平台會更有效率，人人可以隨時隨地用手機下單買賣股票，交易頻繁度會巨幅提高。這種交易型態，就是你們在台灣最有名的短線操作。我認為我們銀行應該要立刻著手設立一家完全獨立自主的電子券商，一個二十四小時的全球交易平台。」

「這種業務模式和客戶群，好像不是我這個星期見過的人會全力以赴的策略。」我不得不頂上這一句。

「所以我要你來紐約主導這項方案。你有設立券商的經驗，也熟稔短線交易的客戶心態。頂尖的演算人才有很多是亞裔，在招募方面，你有文化上的優勢。相對地，你從台灣來，沒有紐約這幫人的人情包袱，你可以放手一搏。」蓋瑞說著，鷹鉤鼻上的雙眼緊緊地盯著我。

「可是我會被綁七年耶！」我不得不掀底牌。

「這個七年支付是一種保障。另外我會核給你一份紐約水準的薪資，以及外派人員的住房津貼、水電補助、子女教育補助，外加年終獎金，你的年收入會超過台灣的好幾倍。如果七年未滿，你被非自願離職，未結清的部分會加速支付。以上這些條件、人事部門白紙黑字的任用信函，就夾在最後那幾頁，我的部分已經簽署，就剩下你的簽名。」蓋瑞完全是有備而來，早就摸到我的底線。

「好，我回去仔細看看了。」在毫無迴旋的空間之下，我只能這樣子回應。

蓋瑞邊站起來送我出門邊說著：「你把這疊文件拿回去研究，獨立電子券商專案的營運策略都草擬在內，你可以自行斟酌修改或增減，我們下星期再用視訊討論。你盡快搬來紐約。我和你最好每天都要通電話。這項專案，此刻正式起跑。」

我們並肩穿過安靜的長廊，走往電梯間之際，蓋瑞刻意壓低聲音說：「這層頂樓，除了開董事會的大會議室和其他幾間會客室，另外只有四間辦公室。我的之外，董事長、副董事長與總經理，各占三個方位。這個高雅、寧靜的樓層，有許多暗潮洶湧的角力。邀你來紐約主導電子券商，七年的保障與外派人員津貼，是我一對三的妥協。不過你放心，最高層角力是我的事，你儘管放手一搏，我是你的後盾。」

//

在專業的律師及會計事務所協助之下，券商證照的申請輕鬆過關；辦公室空間、電子交易硬體與雲端儲存平台，在紐約這個金融中心也都唾手可得；演算程式設計師的招募，以線上命題及限時搶答方式考核，五湖四海的鍵盤戰士由四面八方湧入——半年不到，硬體、軟體皆備，獨立電子券商就風風火火地開張營運。

「嘿嘿！你的系統工程師——這些演算競賽高手們還真把我們的交易平台，建構成一個最即時的買賣撮合中心。客戶能否在毫微秒之差，以最低價搶購到心中屬意的股票，或是以最高價拋出手中持股，全靠這幫宅男的功力。」蓋瑞看著一排排的系統工程師，高興地說著。

「我的徵才方式很簡單，凡是有意者，明列自己曾經參加過的演算競賽排名，並授權我們去查證。我不奢望請到前一百名的人，但是一百名以外的人已經夠厲害了。雇用進來的人，幾乎都是皮膚蒼白、略微肥胖，大都以可樂、薯條維生的宅男。」我打趣地回答。

電子交易商務的客戶數增加是以「小時」來計算衡量，不到一季功夫，累積的實質交易流動金融，已經超越銀行的實體客戶總數。

在蓋瑞的強力支持下，宅男們日以繼夜地努力，我們電子交易平台的流量已經擠進前三名，真的是以百公里時速巡航，快意前行。

//

「簡短地跟你說一下，蓋瑞上個週末參加鐵人三項運動，大概是太過激烈，有中風的現象。他現在人在醫院，家人不希望外人去打擾，所以我就代替他的家人跟你說一聲。」

星期一的一早，就接到蓋瑞的祕書打來這一通晴天霹靂的電話。

//

蓋瑞住院後的兩個月，我遵循他之前的指示，宣告了一項重大決定：使用我們電子交易平台的客戶免除手續費。免費的誘因，瞬間把我們的交易流量如方程式賽車般，風馳電掣，衝上第一。

盤踞角落辦公室的總經理把我找去。他皺著眉，懶得介紹其他幾位在座的人，劈頭就問：「不收手續費，為什麼？那我們的收入從哪裡來呢？」

「免手續費，能吸引海量的客戶湧入我們的電子交易平台，所累積的大數據可提供人工智能一個重要的基礎，去解讀客戶資料、歸納投資習性及界定風險容忍度。這些寶貴的分析報告，可以轉手賣給需要的商家和業者，所收到的諮詢顧問費，遠遠超過原本微薄的交易手續費。」我小心謹慎地回答著。

「照你這個策略，我們不就成為電子券商中的谷歌和臉書了嗎？」總經理對著我問，同時眼睛飄向在座的其他幾位資深證券部門主管。這些人不愧是紐約客，也是證券交易老手，嗅聞鈔票的本能是很高超的，他們都不約而同地微笑著點頭起來。

電子券商被界定為谷歌和臉書的翻版之後，有興趣參與的人擋不住了。一干庶務行政人員由各方強壓進來，演算高手的宅男員工比率急速下降，人事費用狂飆，冗員充斥。

⫽

年底的隆冬季節，我決定去看看蓋瑞。事先和他的老婆打了聲招呼，循著地圖，開車去郊區的醫院。

走上三樓的病房，看到他靜靜躺在微微搖高的大仰角病床上，頭上戴著一頂毛線帽，壓到眼眉，露出一張削瘦的臉，完全看不出來是我之前認識的他。

看到我走近床邊，他似乎有認出我是誰，情緒有一點激動。旁邊的護理人員告訴我不要太刺激他，因此我只站在床尾，遠遠地跟他揮手，實在也不知道該說些什麼。五分鐘之後，我就離開了。

走在空曠的停車場，手機傳來一則簡訊，打開來一看，是人事和法務部門寄來的電子郵件，要跟我約時間，談一下有關「七年保證條款」的事。

關於這個議題，從兩個禮拜前開始，已經有人陸陸續續與我接洽。似乎對於這項

「保證」，有很多法律上的灰色地帶需要釐清。

沒有了蓋瑞這個靠山，我是腹背受敵，孤立無援。

「不好意思，麻煩你留步。」

正要轉身入車門之前，突然聽到後面傳來這一句話。

「我是蓋瑞的太太，他應該不會再回去上班了，所以我今天去他的辦公室取回一樣東西，耽誤了時間，剛才沒能碰到你。謝謝你來看蓋瑞。你走了以後，他寫了一張小字條，請我交給你。」

其實不用多解釋，我便知道這位和我講話的東方女人是誰，大概也曉得她去拿回什麼東西。

她雙手恭敬地遞上一張紙條，深深地鞠了九十度的躬，就轉身快步離去。

一手拿著剛剛看完簡訊的電話，一手拿著剛剛收到的紙條，在大雪紛飛的停車場，我打開在風中顫動的紙條，看到蓋瑞用不穩定的手，歪歪扭扭寫下的字跡：

老夥伴，百公里巡航兜風，有人踩了剎車，我得到站下車了。你的腳不要放鬆油門哦！

門神的道理

門神不就是守著宮廟的兩扇大門，
有何道理可言？
但別忘了，
往往「眼見，並不為憑」。

門神的道理

台北十二月的陽光最燦爛，日光灑在路樹的枝葉上，隨著東北季風搖曳，金光閃閃。

年終將至，全年業績不錯，我好整以暇地看著窗外，盤算如何運用年終獎金去換輛新車。

年尾的日子，就是做白日夢和耍廢的輕鬆日光。

「喏，你看一下這份聘雇草約。如果沒有什麼問題的話，就麻煩你和人事部門處理一下。」

一道身影突然投映在我的桌面上，抬頭一看，頂頭上司不知道什麼時候已經站在我面前，遞上一張A4的紙並交代著。

我這個老闆是大忙人——四十出頭的投資銀行巨星，累積的飛行里程數已經是終身白金會員。他全球追著客戶跑，全年盯著案子衝，馬不停蹄地做生意，台北分行的事大都是丟給我處理。

「你物色到新人了嗎？」我本能反應地起身，禮貌地問著。

「對，我這次在舊金山灣區看到的，談得很滿意。這張草約是我承諾的雇用條件，有許多特別的待遇和津貼。我打算把這個人安排在你的部門裡，所以由你主導去完成正式的聘雇合約。」巨星上司邊跟我說著，邊轉身走回自己的辦公室。

「你打算用外派人員的方式來雇用他嗎？」我迅速地掃描了一下草約，判斷出這個特殊的方式，跟上去輕聲追問著。

「對。她是美國籍，所以要求以外派人員的身分從加州到台灣工作。我們要負擔她搬家的費用、在台北租房子的費用和其他外派人員的津貼。」巨星上司明快地說著。

我還來不及接腔，巨星上司已經走進他的辦公室，隨手帶上門。我們倆坐在沙發上，他往後一靠，蹺起二郎腿，非常輕鬆自在地說：「我給她的基本薪水，加上其他津貼，第一年的總額會比你的基本薪資高，希望你不介意。但是往後幾年就得看她自己的表現。」

我聳聳肩膀，沒有打算做什麼回應。巨星上司這麼做，一定有他的道理，而且應該是已經許下的承諾，不會因為我有什麼反應而改變。

「我知道你不會計較，所以把她安排到你的部門。所有的細節，由你去和人事部門追蹤處理。外派聘雇的條件，既敏感又有保護隱私的必要，你最可靠又大器，所以找你來負責。」巨星上司說完，如釋重負地吁了口氣。

「表面上是由我來決定聘用，而且外派人員聘用的條件，也是由我來決定，是嗎？」我揣摩上意地問。

巨星上司傾身向前，做出和我促膝長談的姿態，微笑著說：「我就知道你最上道！」

「能不能看一下這個人的履歷？」

要扛這個人，我總得知道這個人的底細。

巨星上司俐落地起身，回到他的桌子，抄起一份單頁的制式履歷表交給我，再坐回沙發，若無其事地說：「你看一下，她的學、經歷都非常亮麗。這份履歷表是供人事檔案存底，你可以上網搜尋，有關她的訊息滿豐富的。」

「很特殊的背景！她是計量經濟學的博士，一直都在學術界發展，你怎麼會找她來投資銀行？或許應該從另一個角度來問：她為什麼這個時候要換跑道？」我好奇又不解地問著。

「計量經濟學用到了許多數學，可以運用在金融的部分很廣泛。」

「我們要成立一個經濟研究室嗎？」

「香港已經有一個亞太地區的經濟研究團隊，台灣地區也在內，沒有必要疊床架屋。」

「那你打算給她什麼樣的職位？我該給她什麼樣的案子去負責？」

「找一個經濟博士來銀行，在學歷上不會被挑毛病。至於給她什麼樣的工作，我們有極大的空間唯才是用，我倒是不太操心。你一定可以創造一個適才適用的工作環境給她。」巨星上司一推二五六地說著，把責任都交給我。

一時之間，「老闆永遠是對的」這個信念閃過，我決定不再追問工作的安排，反正船到橋頭自然直，我在這個當下閉嘴，逆來順受才是生存之道。況且老闆已經給我冠了不少高帽子，說我大器、不計較。我移轉焦點地問：「只是好奇，她為什麼會選擇回台灣工作？」

「配合她老公的職涯規劃。她的先生應聘回台灣教書，所以夫妻倆決定一起回台灣，順便給孩子接受一點中文教育。」

「所以她不會長期在這裡工作？你找她來的目的是什麼？」

巨星上司啜上一口已經放涼的咖啡，稍微抬頭仰視天花板，雙手扣在腦後，悠然說著：「你知道什麼是門神的道理？」

我心想門神焉有道理可言，不就是宮廟的兩扇大門，畫上穿戴著京劇武將的戰袍、頭盔，手持奇怪的兵器，驅邪避凶的圖騰。

但再一次提醒自己，老闆永遠是英明神武的，我直率地說：「不知道。願聞其詳。」

巨星上司的時間管理能力異於常人，他不用看手錶就一躍而起，扯直褲管，大步走出辦公室的同時，頭也不回地說：「十一點的業務會議要開始了，不要讓大家等我們兩個。你自己找機會，去了解一下宮廟大門是如何的開啟閉闔。」

「吼！她搬了好多東西來台灣，所有的家電用品、家具、鍋碗瓢盆，還運了一部凱迪拉克！不知道是要轉手賣了賺差價還是幹麼。搬家運費加額外補增的保險，好大一筆開銷！不過好像有禮遇通關，我也沒有去安排，奇怪耶！」總務主任跑來跟我抱怨。我猜這個傢伙一定把外派人員的待遇，到處渲染。

「好奇心作祟，我上網看看這個經濟博士，她的研究是理論經濟和計量分析模式，一項百分百象牙塔的學術研究，但和我們的實務完全無關！」

「她從來沒有在台灣工作過，請這種博士來，花那麼多錢，有什麼屁用？」

博士聘用的消息一出，銀行的好事者沒有閒著，一陣騷動，議論紛紛。我則是靜默以對，所有的負面評論，充耳不聞，低頭執行巨星上司交付的任務。當然，「博士」和「門神」之間有什麼千絲萬縷，我也還沒有弄明白。

「這趟回來台灣做事，麻煩你的地方很多，非常感謝。」初次見面，李晨博士客氣地寒暄著。

「一切就緒了嗎？搬一大家子跨越太平洋，不容易。你自己也一定忙壞了。」

「倒也還好啦！我娘家的人都有幫忙報關，我先生應聘的大學也招呼周到。當然，銀行這邊的協助最關鍵了。」李晨面面俱到地回應，並習慣性地把齊領的短髮勾回耳後。

雖然長年在學術界工作，但她在穿著打扮上，並沒有和金融業太脫節。刻意挑染的頭髮技巧地遮掩開始冒出的斑白，說話激動時，額頭上的抬頭紋就跟著跳躍而出。眼角旁的魚尾紋和鼻翼兩側的法令線條，刻畫出教授的權威與老成，或許也是更多的世故和老練。

「我比較關心的是工作方面的事情。之前我有接受過許多金融業者的研究贊助，替他們規劃策略方針，對於你們的實務，我個人覺得不會太陌生。」李晨頗具權威地對我說。

口氣不小，不過對於擁有名校博士學位、一直站在講台上的人而言，這種自信也是應該的。

我還沒有接到巨星上司有關分派工作的進一步指示，只能打哈哈地回應：「我想你一定可以給我們很多不同的觀念，相信我們會受益良多。」

只差沒脫口去問李晨，她知不知道「門神的道理」。

「老闆，李晨已經報到三個月了，銀行內部的各部門工作介紹及實際參與觀摩，都告一段落。各家媒體鋪天蓋地報導有一位重量級的博士加入我們本地的團隊，引起同業一陣騷動，我也安排她見了許多重要客戶。接下來要怎麼安排？李博士可是蓄勢待發，準備好好拳打腳踢地大幹一番！」逮到巨星上司回台灣的一個小小空檔，我立刻去請示。

巨星上司邀我作陪，與博士共進午餐。

「真是抱歉！你來了快三個月，剛搬回台灣，有許多瑣碎的事情要處理，找房子、孩子的學校安排等。你的時間緊湊，我自己也是無頭蒼蠅一陣忙，到今天才總算可以坐下來吃一頓中餐，好好聊一聊。」

三人入席後，巨星上司奉上這些客套。

李晨也場面見多了，當然知道巨星在演哪齣。她順勢接腔：「現在一切都處理妥當了。按照當初我們在舊金山的共識，我應該要參與一件重大的建城造鎮計劃的財務顧問案，利用拿手的計量模式預測成本和日後的收益，並提出一項融資方案，規劃如何籌措資金，吸引國際的投資者。」

「對！對！因為許多政治因素，這個建城造鎮計劃比我們預期的進度推遲不少。我們非常需要仰賴你的專業，所以我建議你，是否可以先撰寫一系列公共建築的投資與經濟效應的文章，在媒體上發表。在官方主導下，財務顧問招標程序目前仍在初步階段，有意參與的金融機構非常多，重大公共建設涉及許多敏感因素，我們的切入點要好好拿捏，操之過急反而會壞事。」

「所以你是建議我先由大方向來貫穿主軸，發表建言和文章，確立我們的權威與專業。我的論述是一塊敲門磚。」李晨非常機靈地抓到重點回應。

看著巨星上司立刻點頭同意，接著頻頻應和博士提出的論述綱要，在他們兩人一搭一唱之際，我保持緘默，但是心裡頗不是滋味。

這件在北台灣的建城造鎮案，我已經追蹤多年，從行政部門最原始的發想、立法機關的討論和審議，並且與相關單位的人保持聯繫……終於到了現在這個最後徵選財務顧問的階段。

整個建城造鎮的財務籌措聽起來十分輝煌複雜，說穿了，不過就是幫地方政府找便宜的錢來完成計劃而已。

「發行建設公債、找到投資者，洽談有融資意願的銀行並敲定最低的利率，精確地預估未來機場及港口收入，配合地方稅收，描繪出一個收支平衡的財務企劃案，一直都是我們部門拿手的財務顧問絕活。之前我們也完成了好幾件成功案例，為什麼這個時候要重金聘請一位博士，來寫一些不著邊際的學術研究文章？」

午餐後回到銀行，我立馬尾隨巨星上司進他的辦公室，緊迫盯人地問。

「這次不一樣。和之前比起來，這個案子的總金額龐大，各方都有意角逐財務顧問之職，將會有割喉般的激烈競爭。我沒有把握之前的經驗可以作為加分。」巨星上司有備而來地回應。

「我同意你的想法，這絕對不是輕而易舉的事，有很多細節仍然要精益求精。但我的團隊已經著墨很深，我相信我們的財務顧問提案，內容已經非常成熟，該聯繫的投資人也都掌握得非常完整。我們一定可以籌措到充足的資金。」我真的是信心十足地如此誇下海口。

巨星上司稍微皺一下眉頭，瞬間抿嘴微笑著說：「我並沒有否定你們團隊的戰力。我和你一樣是信心十足。」

「那李博士的研究論述有什麼加值？」我不客氣地追根究柢。

「凡事不怕一萬，只怕萬一。我要有備援！這個案子一定要搶到，不容許有任何閃失。我在總行已經拍胸脯保證沒有問題，我的頭已經架在刀口上了！」第一次看到頂頭上司的巨星光環有點褪色的樣子。

「照你的意思，我的團隊仍繼續朝既定的方向前進，努力盯住這個案子。李博士的論述是一條互不交叉的平行線，我們各自努力。」

「你頗有慧根！我從來就沒有要求你做什麼改變，只是請你把李晨收納在你的部門。你只要協助她對外在媒體方面有更多曝光度，發表文章、參加學術研討會、接受個人專訪等，盡量推她到台前發光發熱，把她塑造成是這個建城造鎮專案的代言人。」

巨星上司由剛才的小小失態恢復，泰然自若地強調他的觀點。

⫽

頂著留美博士、學術界的權威形象，這個建城造鎮案的代言人角色，李晨勝任愉快，忙得不亦樂乎；相對地，她沒有什麼閒功夫來摻和我們原本緊鑼密鼓的財務顧問提案作業。大家在各自的領域裡發揮，互不干擾，相安無事。

「有點特別哦！你們家的李博士到處演講，說明建城造鎮計劃，她的層次很高、很學術。但你自己每次來和我們開會，你的資料都是小數點後兩位的計算公式。」

「有時候如果不特別說明，我們都以為李博士和你不在同一家銀行工作。她的論述很高遠宏觀，都是學者氣質濃厚的內容。而你在我們面前則是步步為營，錙銖必較的一個現實人物。」

這些鮮明對比的輿論是意料中事，我都是一笑置之。反正我就是要小心翼翼地提案，不能被主辦審標的委員會挑毛病，失去競標的資格。

我是趴在地上匍匐前進的小兵，李博士是在三千呎高空俯瞰全局的天神。

「我們銀行上新聞了！有媒體記者對李博士的論述質疑，覺得她的一些觀點不切實際，如果照她的高空規劃，日後的財務收支上會有大缺口。」

「哎呀！那是一個立委要護航另外一家投資銀行，鎖定李博士來攻擊的。他們的質疑根本拿不出實質的數據來佐證。」

「反正李博士已經是這個案子的代言人，動見觀瞻，一定會有人眼紅。無論誰想到李博士，就會想到我們銀行，我們拿這件案子的把握就更大。」

團隊成員一方面忙自己手邊的工作，一方面也注意媒體的正反兩面報導。人人都有主觀的想法，大家都繃緊神經，看看兩條平行線的備援操作——這個「巨星」打的如意算盤是否正確。

〃

一晃眼，李博士的前台角色粉墨登場將近兩年，各界風評毀譽參半。這也許是身為這項建城造鎮世紀巨案的代言人，必須肩負的職責和代價。

有李博士這號人物擋在前面，我個人和整個團隊則是在沒有鎂光燈投射的情況之下，可以按部就班地與關鍵的主管機關保持理性、專業的對話。

「老闆，昨天下午，李博士特別找我一對一會談，她覺得我們應該把財務顧問的提案資料與她分享、討論。換句話說，她要求參與我們內部的作業，而不只是做一個台前的代言人。怎麼辦？該不該讓她插一腳進來？」雖不至於氣急敗壞，但我心裡還是非常有疙瘩地去找巨星上司討論。

「嗯，我不會太意外她有這樣的要求。過去兩年來，她在外拋頭露面，單打獨鬥地與媒體打交道，和各方意見領袖周旋，不時針對她撰寫的學術論文做辯論，這些激起的火花增加了我們的曝光度，對於搶財務顧問的角色有絕對的幫助。現在她要求回來參與內部的準備工作，我知道你一定會覺得人多口雜，多一個有強烈意見的博士，對你只是一個負擔。」巨星上司一語道破我的顧慮。

「那我們怎麼處理這個棘手的問題？」我有點六神無主地問著。

「時間差不多了。我有透過朋友去了解，她先生不會繼續留在台灣講學，今年夏天，李博士應該會隨夫婿搬回舊金山。」巨星上司胸有成竹地告訴我。

聽到這裡，我不得不佩服巨星上司的神機妙算。

他把案子的流程時間抓得如此精準，當進入最後階段的審標過程，代言人的角色正好退場——在這個關鍵時刻，多發言無益，消失於媒體的雷達螢幕，規避和各方競爭業者交互詰責，才是良策。

「所以門神的角色結束了？」我大膽地下結論。

「也不盡然。」

「你重金禮聘她回來台灣，把她推到檯面上獨領風騷，增加我們銀行的知名度和處理建城造鎮案的專業形象。她不就是一個光鮮亮麗的門神？」我不服氣地頂回去。

「我就知道你沒有用心去真正了解門神的道理。」巨星上司不甘示弱地再將我一軍。

「別糊弄我了，什麼門神的道理！」

「宮廟的門，是由外向內推開。大門敞開的時候，門神是站在門楣和牆院的內側。年節慶典時，香客絡繹不絕，跨門檻而入，雄壯威武的門神站在兩邊，是護衛，也是迎賓的陣仗。當喜慶結束，宮廟關門，整理內部時，是由內向外推闔大門，門神面向外，被置於門廊牆院的外側。」

巨星上司說完，略微停頓一下，看著我。

「所以在宮廟關門後，門神就單獨面對所有責難和刀槍箭矛的攻擊？」我自作主張地下定論。

「也不盡然。」巨星上司又潑一盆冷水給我。「在建城造鎮案的籌劃過程中，行政機關、地方與中央的民意代表、媒體記者及潛力投資者，湧入這個重大公共建設的廟堂盛會，廟堂大門是由外向內敞開，李博士以代言人的方式，如門神般把守大門，以她的學術權威，歡迎各方人士蒞臨參與討論。現在進入實質審查階段，只有少數入選者才能在閉門的廟堂裡，做最後的協商。我不認為李博士會被釘在大門外，遭萬箭穿心，但我們也不再需要一個門神了。」

「這就是你所謂『門神的道理』！」我不得不服氣地說著。

「大家對門神的看法不一致，各有各的堅持。門神本來就有許多類型，我只恭請適合我們的門神。」巨星上司說完後，看著我莞爾一笑。

國家圖書館預行編目資料

狐狸與獅子：跨國金融家給一流人的修練智慧/吳均龐著. -- 初版. -- 臺北市：寶瓶文化事業股份有限公司, 2023.04　面；　公分. -- (Vision ; 240)
ISBN 978-986-406-347-5(平裝)
1.CST: 金融業 2.CST: 職場成功法

561　　112002089

Vision 240

狐狸與獅子——跨國金融家給一流人的修練智慧

作者／吳均龐

發行人／張寶琴
社長兼總編輯／朱亞君
副總編輯／張純玲
資深編輯／丁慧瑋　編輯／林婕伃
美術主編／林慧雯
校對／丁慧瑋・劉素芬・陳佩伶・吳均龐
營銷部主任／林歆婕　業務專員／林裕翔　企劃專員／李祉萱
財務／莊玉萍
出版者／寶瓶文化事業股份有限公司
地址／台北市110信義區基隆路一段180號8樓
電話／(02)27494988　傳真／(02)27495072
郵政劃撥／19446403　寶瓶文化事業股份有限公司
印刷廠／世和印製企業有限公司
總經銷／大和書報圖書股份有限公司　電話／(02)89902588
地址／新北市新莊區五工五路2號　傳真／(02)22997900
E-mail／aquarius@udngroup.com

著作完成日期／二〇二二年十二月
初版一刷日期／二〇二三年四月七日
初版四刷日期／二〇二四年二月七日

ISBN／978-986-406-347-5
定價／三七〇元

愛書人卡

感謝您熱心的為我們填寫，
對您的意見，我們會認真的加以參考，
希望寶瓶文化推出的每一本書，都能得到您的肯定與永遠的支持。

系列：Vision 240 **書名：狐狸與獅子——跨國金融家給一流人的修練智慧**

1.姓名：＿＿＿＿＿＿＿＿ 性別：□男 □女

2.生日：＿＿年＿＿月＿＿日

3.教育程度：□大學以上 □大學 □專科 □高中、高職 □高中職以下

4.職業：＿＿＿＿＿＿＿

5.聯絡地址：＿＿＿＿＿＿＿＿＿＿＿＿＿＿＿＿＿＿＿＿

聯絡電話：＿＿＿＿＿＿＿＿ 手機：＿＿＿＿＿＿＿＿

6.E-mail信箱：＿＿＿＿＿＿＿＿＿＿＿＿＿＿

□同意 □不同意 免費獲得寶瓶文化叢書訊息

7.購買日期：＿＿ 年 ＿＿ 月 ＿＿日

8.您得知本書的管道：□報紙／雜誌 □電視／電台 □親友介紹 □逛書店 □網路 □傳單／海報 □廣告 □瓶中書電子報 □其他

9.您在哪裡買到本書：□書店，店名＿＿＿＿＿ □劃撥 □現場活動 □贈書

□網路購書，網站名稱：＿＿＿＿＿＿ □其他＿＿＿＿＿

10.對本書的建議：（請填代號 1.滿意 2.尚可 3.再改進，請提供意見）

內容：＿＿＿＿＿＿＿＿＿＿＿＿

封面：＿＿＿＿＿＿＿＿＿＿＿＿

編排：＿＿＿＿＿＿＿＿＿＿＿＿

其他：＿＿＿＿＿＿＿＿＿＿＿＿

綜合意見：＿＿＿＿＿＿＿＿＿＿＿＿＿＿＿＿＿＿＿＿＿＿＿＿＿＿

11.希望我們未來出版哪一類的書籍：＿＿＿＿＿＿＿＿＿＿＿＿＿＿＿＿

讓文字與書寫的聲音大鳴大放

寶瓶文化事業股份有限公司

（請沿此虛線剪下）

廣　告　回　函
北區郵政管理局登記
證北台字15345號
免貼郵票

寶瓶文化事業股份有限公司　收

110台北市信義區基隆路一段180號8樓

8F,180 KEELUNG RD.,SEC.1,

TAIPEI.(110)TAIWAN R.O.C.

（請沿虛線對折後寄回，或傳真至02-27495072。謝謝）